한국의 명문 고등학교

북오션은 책에 관한 아이디어와 원고를 설레는 마음으로 기다리고 있습니다. 책으로 만들고 싶은 아이디어가 있으신 분은 이메일(bookrose@naver.com)로 간단한 개요와 취지, 연락처 등을 보내주세요. 머뭇거리지 말고 문을 두드리세요. 길이 열릴 것입니다.

한국의 명문 고등학교

초판 1쇄 발행 | 2014년 8월 25일
초판 2쇄 발행 | 2014년 11월 25일

지은이 | 중앙일보 메트로G팀
펴낸이 | 박영욱
펴낸곳 | 북오션

경영총괄 | 정희숙
편집 | 지태진
마케팅 | 최석진 · 김태훈
표지 디자인 | 서정희
본문 디자인 | 조진일

주 소 | 서울시 마포구 서교동 468-2번지
이메일 | bookrose@naver.com
트위터 | @Book_ocean
페이스북 | bookocean
전 화 | 편집문의 : 02-325-9172   영업문의 : 02-322-6709
팩 스 | 02-323-9378

출판신고번호 | 제313-2007-000197호

ISBN 978-89-6799-050-3 (13370)

*「이 도서의 국립중앙도서관 출판시도서목록(CIP)은 e-CIP홈페이지(http://www.nl.go.kr/ecip)와 국가자료공동목록시스템(http://www.nl.go.kr/kolisnet)에서 이용하실 수 있습니다. (CIP제어번호: CIP2014022596)

한국의 명문 고등학교

중앙일보 메트로G팀 지음

북오션

올 초, 아파트 같은 줄에 사는 한 엄마한테 충격적인 얘기를 들었습니다. 고등학교에 올라가는 아들을 경기도에 있는 지역 단위 자율형 사립고(이하 자사고)에 보냈다는 겁니다. 멀쩡하게 강남 한복판에서 중학교 잘 다니던 아들을 경기도 학교에 보내다니, 아무리 자사고라지만 도무지 이해가 되지 않았습니다. 남편 근무지로 아들의 주소까지 옮기는 무리수를 둬가면서 말이죠. 그 엄마의 설명은 이랬습니다.

"원하던 자사고 추첨에서 떨어졌으니, 이제 집 앞의 남녀공학 공립 일반고에 배정받을 게 뻔한데 어떻게든 그것만은 막아야 했어. 다행히 그 자사고에 추가 시험 일정이 있어 들어갈 수 있었지. 일반고, 특히 남녀공학에 남자애 보내면 대학은 다 갔다고 생각하면 돼."

'일반고의 위기'라는 말은 숱하게 들었지만 '아무리 그래도 명색

이 8학군 학교인데 이 엄마가 좀 과한 게 아닌가'라는 생각을 떨치기 어려웠습니다. "일반고가 그렇게 안 좋냐?"고 물으면서도 머릿속으로는 계속 '설마'했죠. 어차피 공부는 혼자 하는 것이니, 면학 분위기가 특목고나 자사고에 비해 좀 떨어진다 해도 본인만 노력한다면 그게 뭐가 그리 대수냐 싶기도 했고요.

그런데 얼마 전 강남의 한 일반고에 직업 관련 강의를 할 일이 있어 갔다가 생각을 고쳐먹게 됐습니다. 아무리 쉬는 시간이라지만 학교 복도에서 누가 보든 말든 남학생과 여학생이 부둥켜안거나 손을 잡고 애정 행각을 벌이고, 많은 여학생이 교복을 정말 짧게 줄여 입고 화장을 곱게 한 게 좋아 보이지 않았습니다. 수업 태도는 더 가관이었습니다. 자신이 원해서 들어온 수업인데도 집중하지 않는 학생이 많았고, 강의를 열심히 듣는 학생조차 "난 좋은 대학은 어차피 못 들어갈 텐데, 그러면 원하는 직업은 가질 수 없는 것이냐?"고 묻더군요. 해보기도 전에 이미 패배의식에 휩싸여 있는 것처럼 느껴졌습니다.

사실 학생들 입에서 이런 말이 나오는 게 무리도 아닙니다. 실제로 최근 몇 년 동안 이 학교의 대입 성적은 별로 좋지 못하니까요. 물론 모든 일반고가 다 이렇지는 않겠지만 일반고에 다닌다는 사실만으로 좋은 대학 가기를 포기하거나 자존감이 바닥으로 떨어진 아이들을 아마 쉽게 찾아볼 수 있을 겁니다.

많은 통계자료가 이를 뒷받침합니다. 교육부와 한국대학교육협의회(대교협)가 전국 174개 4년제 대학의 2014학년도 신입생들의 출신 고교를 분석한 결과, 이른바 SKY(서울대·연세대·고려대)를 비롯한 서울 주요 대학 신입생 가운데 일반고 출신이 차지하는 비중이 대부분 떨어졌습니다. 명문대일수록 하락 폭이 더 두드러졌습니다. 서울대와 연세대는 처음으로 50퍼센트 이하로까지 떨어졌죠. 일반고 출신 합격생 비중이 확 줄어든 만큼 특목고와 자사고 비중은 더 높아졌고요. 일부에서는 일반고에서 자사고로 지정받는 학교가 늘면서 생기는 자연스런 현상이라고 보기도 합니다. 하지만 주요 대학에 들어가는 입학생 숫자뿐 아니라 재학생의 학력 저하 현상이 뚜렷한 걸 보면 꼭 학생 숫자의 증감만으로 설명하기에는 부족합니다. 예컨대, 자사고 설립 시점 전후로 강남 3구(강남구, 서초구, 송파구) 소재 일반고의 대학수학능력시험(수능) 1, 2등급 비율을 비교(2010학년도와 2013학년도 비교)해보면 대부분의 일반고에서 2013학년도의 1, 2등급 학생 비중이 줄었습니다. 특목고뿐 아니라 자사고가 미리 성적이 우수한 학생을 선점하다 보니 상대적으로 학업 능력이 떨어지는 학생이 일반고에 가고, 그 결과가 수능 1, 2등급 비율 축소로 나타난 겁니다.

저는 특목고 열풍이 불기 전인 1980년대 말에 공립고를 다녔습니다. 자사고라는 건 아예 있지도 않았죠. 그때는 그저 열심히 공부하면 누구나 좋은 대학에 갈 수 있다고 믿었는데, 대체 언제부터 '어느 고등학교에 다니느냐가 어느 대학에 진학할지를 결정짓는다'고 믿게 돼버린 걸까요.

분명 따져보고 바로잡아야 할 일입니다. 하지만 이게 엄연한 현실이기도 합니다. 많은 학부모와 학생이 일반고만은 안 된다며 특목고와 자사고에 목을 매는 상황을 직시해야 한다는 말입니다.

이런 와중에 올해 있었던 6·4 지방선거에서 자사고 폐지를 공약으로 내건 진보 교육감이 대거 당선됐죠. 자사고가 고교 서열화를 부추기는 일반고 몰락의 주범인 만큼 이를 없애 공교육을 정상화하겠다는 겁니다. 그중 한 명인 조희연 서울시 교육감은 7월 1일 취임과 동시에 자사고 재검토를 위한 태스크포스TF를 가동했습니다. 조교육감은 취임 직후에 〈중앙일보〉와의 인터뷰에서 "1974년 박정희대통령이 고교 평준화를 시행했듯 이제 제2의 고교 평준화가 필요하다"고 말했습니다. 또 "서울에 특목고가 6개, 자사고가 25개로 전체의 10퍼센트"라며 "일부 엘리트 영재교육이 있는 것과 10퍼센트가 넘는 특권 학교가 있는 건 다르다"고도 했습니다. (서울 지역) 자사고를 폐지하겠다는 방침은 분명하나 폐지에 따른 부작용을 어떻게 줄일까 고민하고 있다는 얘기입니다.

역시 진보 교육감이었던 곽노현 서울시 교육감이 2010년 당선됐을 때는 타깃이 특목고였습니다. 선거운동 기간 내내 외국어고가 어학 인재 양성이라는 본래 취지를 잃고 입시학원으로 전락했다고 비판하면서 설립 취지에 맞지 않게 운영하는 곳은 퇴출시키거나 일반고로 전환하겠다고 했죠. 정작 그의 두 아들이 모두 외고 재학 중인사실이 드러나며 이런 주장에 힘이 확 빠지기는 했지만요. 자사고든 특목고든, 정부가 평준화를 보완한다며 만든 학교가 공교육을 망

치는 주범으로 계속 몰려온 셈입니다.

　대체 자사고가 뭐기에 학생과 학부모는 들어가려고 애를 쓰고, 한쪽에서는 없애지 못해 안달인 걸까요? 그 이유를 알려면 자사고의 출발을 한번 살펴볼 필요가 있습니다. 자율형 사립고, 즉 자사고는 이명박 정부가 내세운 교육정책의 대표적인 산물입니다. 이명박 대통령이 대선 후보 시절 공약으로 내건 '고교 다양화 300 프로젝트'의 핵심이기도 합니다. 당시 이 후보 측은 선거 직전인 2007년 10월 자사고 100개를 비롯해 기숙형 공립고 150개, 마이스터고 50개를 만들겠다는 공약을 발표했습니다. 전체 고교의 7분의 1에 해당하는 숫자입니다. 그리고 당선 직후 인수위에서는 임기 내에 평준화를 보완하기 위한 새로운 형태의 고교인 자사고 100개 설립 계획을 확정 짓기도 했죠.

　처음엔 모든 일이 일사천리로 진행되는 듯 보였습니다. 2008년 말 서울시교육청이 서울 시내 일반계 사립고 142곳(추후 일반계 전환한 동양공고 포함)을 대상으로 조사한 결과 절반 가까운 65곳(45.8%)이 자사고 전환을 희망했습니다. 이를 토대로 2009년 8월 교육과학인적자원부는 전국에 25곳을 지정한 데 이어 그해 말 20개 학교(서울 13개)가 첫 신입생을 모집했습니다. 그런데 여기서부터 삐걱거리기 시작합니다. 자사고에 관심 있는 사학들은 좋은 학생 확보를 위해 학생 선발권을 원했지만, 정권 출범 후 '귀족 학교'라는 반발이 거세지자 정부가 한발 물러난 겁니다. 중학교 내신 상위 50퍼센트 이내 학생의 지원을 받아 추첨으로 학생을 뽑는 선에서 절충을 했죠. 게다가 임기 내 100곳 지정이라는 목표에만 몰두해 전국 자사고 절반가량이 서울(2013년 현재 49곳 중 24개, 전국 단위 모집 하나고 제외)에 몰리는 등 지역 편중을 막지 못했고 신청한 학교의 준비 상황을 제대로 챙기지도 못했습니다. 그 결과 첫 신입생 모집에서 서울 26개 자사고 중 12개 학교의 정원이 미달됐습니다. 준비 없이 과도하게 많은 학교를 지정하다 보니 이런 문제가 불거진 겁니다. 특히 첫 졸업생을 낸 2013년엔 자사고의 대학 진학률마저 부진한 것으로 드러나면서 자사고에 대한 회의적인 시각이 적지 않았습니다. 결국 용문고와 동양고는 다시 일반고로 전환했습니다.

하지만 이때도 하나고와 특목고(외국어고)에서 자사고로 전환한 외대부고, 지역 단위에서 2011년 전국 단위로 바뀐 경북 김천고 등 전국 단위 선발권을 가진 자사고 10곳은 좋은 성적을 냈습니다. 2013학년도 SKY 합격자 비율로 따졌을 때 특목고인 대원외고(82.1%, 중복 합격자 포함)가 1위였죠. 그러나 2~4위는 외대부고와 상산고·하나고로 모두 자사고였습니다. 현대청운고와 민사고도 각각 8위와 11위였고요. 전국 단위 사사고는 특히 자연계에서 강세를 보여, 의대·치대·한의대 진학률에서 상산고가 51.4퍼센트(중복 합격 포함)로 1위를 차지했습니다. 외고는 인문계 중심이고, 과학고는 워낙 모집 인원이 적어 자연계 우수 학생이 전국 단위 자사고로 많이 진학한 결과라는 분석이 많습니다.

전국 단위 자사고 외에 지역 단위 자사고 역시 이런저런 우여곡

절을 겪으면서도 빠르게 정착했습니다. 자사고 첫 출범 이듬해에 휘문고 등 과거 입시 명문으로 통하던 학교가 잇따라 자사고로 전환하고, 그 첫 졸업생의 대입 성적이 나온 2014학년도에 판도가 달라진 거죠.

하지만 그럴수록 더 거센 비판에 맞닥뜨려야 했습니다. 자사고 출범 초기부터 자사고 확대가 일반고를 3부 리그로 전락시킨다는 비판이 많았는데 그걸 뒷받침하는 입시 결과가 나온 것이나 마찬가지였던 탓입니다. 일반고는 특목고(1부 리그)에 밀리는 것은 물론 자사고(2부 리그)에도 밀려 3부 리그가 됐다는 얘기인데요, 이렇게 주장하는 데는 사실 합당한 이유가 있습니다. 서울을 포함해 평준화 지역에서는 특목고와 자사고 등이 전기에 먼저 학생을 선발하고, 여기서 탈락하거나 지원하지 않은 나머지 학생을 후기에 일반고로 배정하기 때문입니다. 학업 성적이라는 측면에서만 보면 일반고는 출발서부터 특목고와 자사고에 뒤지는 셈입니다. 실력이 뛰어난 학생들이 특목고나 자사고로 몰려갔으니 서울대 등 명문대 합격자 비율 역시 일반고보다 높을 수밖에 없죠.

결국 박근혜 정부가 들어선 이후 학생 선발권을 제한하는 방식으로 자사고 제도를 손보겠다고 나섰습니다. 그러자 당연히 자사고와 이곳에 자녀를 보내는 학부모의 반발이 거셌습니다. 2013년 8월 전국자사고연합회는 교육부가 추진하는 일반고 살리기의 내막은 자사고 죽이기일 뿐이라고 주장하죠. 배재고 김용복 교장은 "일반고 슬럼화는 2000년대 초반부터 벌어진 일이고, (지금은 자사고가 된)

우리 역시 일반고 시절 겪은 그런 위기를 벗어나기 위해 자사고로 전환했다"며 "그런데 일반고 붕괴의 책임이 마치 생긴 지 4년 밖에 안 된 자사고에 있는 것처럼 몰아가는 것은 옳지 않다"고 반발했습니다.

한국교총도 성명을 내고 "정권이 바뀔 때마다 정책이 오락가락하는 건 큰 문제"라며 "자사고 선발권 폐지가 일반고 개선 방안이 될 수 없다"고 못 박았습니다.

결국 정부는 방침을 밝힌 지 두 달 만인 2013년 10월 이를 철회했습니다. 지원 자격과 전형 과정에서 성적 반영을 금지하되 학교가 면접으로 신입생을 최종 선발하도록 허용하는 내용을 골자로 한 '일반고 교육 역량 강화 방안'을 확정 발표한 겁니다. 결국 2015학년도부터 서울 24개 자사고(전국 단위 하나고 제외)는 추첨 후 면접의 2단계 전형을 실시합니다. 현재 평준화 지역 자사고는 중학교 내신 성적 상위 50퍼센트 이내 학생에게만 지원 자격을 주지만 2015학년도 전형부터 서울 지역 자사고는 성적 제한 없이 지원을 받아 추첨으로 입학 정원의 1.5배수를 뽑아야 합니다. 그리고 이들을 대상으로 창의 인성 면접을 실시하는 거죠. 자사고 입장에서는 면접 선발권을 통해 우수 학생을 선발할 수 있는 여지가 남은 것이라 만족할 만한 결과지만, 반대하는 쪽에선 우수 학생을 미리 빼가는 통로를 그대로 두는 것이라며 비판하고 있습니다.

특목고와 자사고를 둘러싼 논란이야 어찌 됐든 간에, 많은 학부모들이 특목고와 자사고를 선호하는 데는 분명한 이유가 있을 것입니다. 그렇기에 상대적으로 많은 비용을 지불하면서까지 자녀를 특목고와 자사고에 보내려고 하는 것이겠지요. 그러한 이유들을 깡그리 무시하고 '공교육 정상화'만 외친다면 공염불이 될 소지가 높습니다. 그래서 이 책에서는 많은 학부모들이 유난히 선호하는 특목고와 자사고, 그리고 이들 학교 뺨치는 일반고를 살펴보았습니다. 이른바 '명문고'라 불리는 학교들은 보통 학교들과 어떤 점이 다른지 살펴본 것입니다.

자녀를 '좋은 학교'에 보내고는 싶은데 어떤 곳을 선택해야 할지 몰라 머리가 아픈 학부모들에게 이 책이 많은 도움을 줄 수 있을 것입니다. 이른바 '명문고'라 불리는 학교들도 교육철학, 교과과정, 비중을 두는 특성화 프로그램 등에서 많은 차이를 보입니다. 그래서 높은 대학 진학률만 보고 자녀를 특목고나 자사고에 보냈다가 자녀가 적응하지 못해 전학을 가는 일도 꽤 많습니다. 그렇기에 내 자녀의 특성에 맞는 학교, 내 자녀가 즐겁게 공부할 수 있는 학교를 고르는 데 이 책이 큰 도움을 줄 수 있을 것입니다.

아울러 우리의 교육 정책이 어디로 나아가야 하는지, 일반고의 교과과정을 어떻게 개선해야 할지를 고민하는 데도 이 책이 도움을 줄 수 있을 것입니다. '명문고를 명문고로 만든 이유'를 살펴보면 '일반고의 위기'를 타개할 실마리를 찾을 수 있기 때문입니다. 물론 재정 여건 등 많은 면에서 차이가 나기에 명문고에서 시행하는 교과과정이나 특성화 프로그램을 모든 학교에서 그대로 따라 하기는 힘들겠지만 이들 프로그램을 벤치마킹해 적은 재원으로 비슷한 효과를 기대할 수 있는 프로그램을 개발할 수도 있을 것입니다.

　아무쪼록 이 책이 학부모들의 궁금증을 덜어주고 공교육의 하향 평준화가 아닌 공교육의 질을 높이는 데 조금이나마 이바지하기를 바랍니다.

2014년 여름

안혜리

1

상 산 고

의학 계열 입시 명문을 넘어
과 학 인 재 의 산 실 로

전북 전주에 있는 상산고 정문에 들어서자 교정을 가득 메운 나무가 가장 먼저 눈에 들어왔다. 500그루가 넘는 소나무였다. 여기에 감·모과·은행나무가 어우러져 있었고, 장미·모란·철쭉 등도 보였다. "학생들이 자연 속에서 생활하게 하고 싶다"는 설립자 홍성대 이사장의 의지를 한눈에 확인할 수 있었다.

상산고는 대입 정시 모집에 강한 학교다. 상산고는 2013학년도 서울대 입시에서 수시 합격자(24명)보다 정시 합격자(33명) 수가 더 많았다. 상산고 학생들이 대학수학능력시험에서 우수한 성적을 받았다는 얘기다.

특히 수학이 강세다. 상산고가 수학에 강한 이유는 이 학교 특유의 교육 방식에서 찾을 수 있다. 상산고 교사는 유형을 외워서 문제를 해결하는 기술을 가르치는 것이 아니라 학생이 스스로 문제를 해결하는 능력을 키워 수학을 즐길 수 있도록 돕는다.

논술 교육도 상산고가 자랑하는 프로그램이다. 그 중 하나가 2003년부터 꾸준히 해온 양서 읽기다. 상산고는 양서 읽기를 정규 교과과정으로 편성해, 1·2학년 학생은 누구나 일주일에 2시간씩 이 수업을 듣는다.

놀라운
의학 계열
진학률

상산고는 수학 교재의 바이블인 《수학의 정석》 저자인 홍성대 이사장이 설립한 학교다. 홍 이사장은 29살에 《수학의 정석》을 출간한 이후 거둬들인 막대한 수익금을 사회에 환원한다는 취지에서 1981년 일반 남자 고등학교인 상산고를 세웠다. 이 학교는 지금까지 두 번의 큰 변화를 겪었다. 2003년 자립형사립고 전환, 그리고 2010년 자율형사립고로의 전환이다. 2003년 자립형사립고로 지정받으면서 상산고는 명문고로 크게 도약했다. 이때부터 전국의 우수한 중학생이 상산고로 몰려들었다.

학생 선발권을 가진 지 딱 10년째인 2013학년도에 상산고는 이른바 SKY(서울대·연세대·고려대)에 모두 202명을 보냈다. 졸업생(330명) 10명 중 6명(61퍼센트)이 국내 최상위권 대학에 합격한 것이다. 더 놀라운 건 의학 계열 진학률이다. 의대·치대·한의대에 진학한 학생 수가 절반이 넘는 185명(56퍼센트, 중복 합격자 포함)이나 된다.

학부모 사이에서 "의대를 가고 싶으면 상산고에 가라"는 말이 왜 회자되는지를 잘 보여주는 수치다. 정작 학교 측은 이런 상황이 반갑지 않다. 홍이사장이 학교를 세운 취지와는 어긋나기 때문이다. 그는 우수한 인재가 기초과학이나 공학 계열에 진학해 새로운 기술 개발에 일조하길 바랐다. 한국의 아인슈타인이나 에디슨을 배출하겠다는 야심이 있었던 것이다. 임현섭 상산고 교감은 "교사끼리 장래 희망을 의사라고 밝힌 지원자에게 감점을 주자는 우스갯소리까지 할 정노"라고 말했다. 의대를 가고 싶은 학생이 몰리는 게 현실이지만 학교 측은 다양한 분야의 명사들을 초청해 여는 특강을 통해 의사 외에 다른 길이 있다는 걸 알리는 노력을 계속하고 있다. 예컨대 지난해에는 김빛내리 서울대 생물학과 교수와 이석영 연세대 천문우주학과 교수가 이곳에 와서 특강을 했다.

‖ 수학과 과학을 좋아하는 상산고 2학년 나웅찬 군은 자유로운 분위기에서 부족한 과목까지 두루 배우고 싶어 과학고 대신 상산고를 택했다.

대입 정시 모집 및
수학 교육의
강자

상산고의 또 다른 특징은 대입 정시 모집에 강하다는 것이다. 수시 모집에 강한 하나고와 뚜렷하게 갈리는 지점이다. 하나고는 2013학년도 서울대 수시에서 전교생 200중 44명을 합격시켰다. 그러나 정시 합격은 2명에 불과했다. 반면 상산고는 수시 합격자(24명)보다 정시 합격자(33명) 수가 더 많다. 이 학교 출신이 수능에서 우수한 성적을 받았다는 얘기다. 특히 수학이 강세다. 이번 수능의 수리 가형과 나형에서 2등급 안에 든 학생은 각각 전체의 67퍼센트, 95.5퍼센트였다. 응시자 대다수가 전국 11퍼센트 내에 든 셈이다.

상산고가 수학에 강한 이유는 이 학교 특유의 교육 방식에 있다. 상산고 교사는 학생이 스스로 문제를 해결하는 능력을 키워 수학

▎상산고 수학 동아리 학생들이 점심시간을 이용해 수학 문제를 풀고 있다.

을 즐길 수 있도록 돕는다. 수학 과목만 A·B·C·D 4레벨로 나눠 수준별 수업을 하는데, 입학 첫 학기가 아닌 1학년 2학기부터 한다. 1학년 1학기에 수준별 수업을 하지 않는 이유는 이 기간에 학생의 잘못된 학습 습관을 고치기 위해서다. 박규태 진학부장(수학 교사)은 "신입생 대부분이 유형을 외워서 문제를 해결하는 데 익숙해 있다"며 "그런 방식은 사고력을 키울 수 없고 쉽게 한계에 도달한다"고 말했다.

이모 양(3학년)은 입학 초 교사에게 모르는 걸 물어봐도 답을 얻을 수 없어 답답했던 기억을 떠올렸다. 선생님은 "이렇게 한번 해봐라"거나 "다르게 생각하라"는 식으로 방향만 제시했기 때문이다. 이

상산고 학생들은 양서 읽기를 통해 논리력을 기른다.

양은 "입학 전에는 문제 풀이에만 집착했기 때문에 문제가 안 풀리면 바로 답을 보거나 학원 강사에게 물어봤다"며 "처음에는 적응이 안 됐다"고 말했다. 한 학기를 보내고 나서야 문제 풀이의 양보다 질이 중요하다는 걸 알게 됐다. 고난도 문제와 매일매일 씨름하는 사이 스스로 풀 수 있는 문제가 늘었고, 어떤 유형이 나와도 해결힐 수 있다는 자신감도 생겼다.

수준별 수업 자체가 학생에게 자극이 되기도 한다. 오모 군(3학년)은 2학년 1학기 때 수준이 가장 높은 A반에서 한 단계 낮은 B반으로 떨어졌다. 실의에 빠진 건 잠시뿐이었다. 다시 의지를 불태워가며 수학 공부에 열을 올렸다. 시간을 두 배 더 들이고 평소 어렵게 생각했던 개념을 모아 증명 노트를 만들었다. 한 학기 만에 다시 A반으로 올라갔다. 오 군은 "잘하는 학생이 많은 만큼 더 노력하게 된다"며 "지금도 하루 2시간 이상 수학 공부에 집중하고 있다"고 말했다.

논술 교육도 상산고가 자랑하는 프로그램이다. 그중 하나가 2003년부터 꾸준히 해온 양서 읽기다. 상산고는 양서 읽기를 정규 교과과정으로 편성했다. 상산고 1·2학년 학생이라면 누구나 일주일에 2시간씩 이 수업을 듣는다. 1권의 책을 미리 읽은 후 2주에 걸쳐 4시간 동안 배운다. 예컨대 《내 영혼이 따뜻했던 날들》을 읽은 뒤에는 인간의 이기심이나 자연과 더불어 살아가기 등에 대해 자유롭게 얘기를 나누고, 감상문을 작성하거나 연극으로 표현한다. 구설영 교사는 "학생들은 이 과정을 통해 글쓰기 실력을 키우는 것은 물론 나와 다른 생각을 가진 사람과 소통하는 법을 익힌다"고 말했다.

위계질서 철저, 엘리베이터는 선배 우선

Q 신입생 선발 시 인성을 중요하게 본다고 들었다. 학교생활에서도 그런가?

선배에게 깍듯이 인사하는 전통이 있다. 다른 학교에 비해 선후배 간 위계질서가 강하다. 1·2학년은 3학년과 함께 엘리베이터도 못 탄다. 엘리베이터를 기다리다가도 3학년이 나타나면 1·2학년은 계단을 이용해야 한다. 만약 선배에게 인사를 안 하면 곧바로 교내에 소문이 난다. 그렇지만 구설수에 올라도 다시 인사 잘하는 모습을 보여주면 된다. 까칠하고 이기적인 친구의 성격이 좋아지고, 다른 사람과 어울리는 방법을 배우는 등 긍정적 효과가 있다.

Q 선후배 사이가 어떤가?

후배가 예의만 갖추면 나쁠 이유가 없다. 오히려 동아리별로 멘토·멘티가 있어 친하게 지낸다. 멘토에게서 학교생활이나 학습법 관련 조언을 받는다. 졸업한 선배한테는 생생한 진학 정보를 얻는다.

Q 남녀 학생 정원이 다르던데.

1981년 개교 당시 일반 남자 고등학교였다. 2003년 자립형사립고로 전환하면서 여학생 입학이 가능해졌다. 현재 학년별로 여학생은 4학급, 남학생은 8학급이다. 남녀 반이 따로 있지만 동아리 활동 등을 통해 친하게 지낸다.

Q 이성 교제를 하는 학생도 있나?

꽤 많다. 오후 9시 20분쯤 야간 자율학습이 끝나면 커플이 짝을 지어 운동장 육상 트랙을 걷는다. 산책과 동시에 데이트를 하는 셈이다. 대부분 우수한 학생이라 서로에게 도움이 될 때가 많다.

Q 수학을 잘하지 못하면 학교생활이 어렵다던데.

다들 수학을 좋아하고 잘한다. 또 이 학교에 오면 더 잘할 거란 기대를 한다. 그런 학생 중 상당수가 1학년 2학기 중간고사 수학 시험에서 겨우 50점 정도를 받는다. 적분과 통계, 기하와 벡터까지 선행학습을 해온 학생이 많다.

Q 기숙사 생활이 궁금하다.

5인 1실이다. 방에는 화장실과 옷장, 침대만 있다. 5명이 한방을 써도 전혀 불편하지 않다. 방에서는 어차피 잠만 잔다. 각 기숙사 층별로 1인 1석 독서실이 있어 공부는 거기서 한다.

Q 학교 근처에서 따로 자취하는 학생도 있다던데.

비기생(비기숙사생의 줄임말) 중 남학생은 40~50명, 여학생은 30명 정도다. 고3이 되면 예민한 시기라 자취하는 학생이 는다. 어머니가 근처에 와 함께 지내는 학생도 있다. 벌점을 많이 받으면 강제 퇴실 당하기 때문에 미리 기숙사를 나가는 사람도 있다.

Q 사교육 받는 학생은 없나?

남학생 30퍼센트, 여학생의 20퍼센트 정도는 근처 학원을 다닌다. 학교에서 사교육을 금지하진 않는다. 학교는 학생 뜻을 최대한 존중한다. 학원에 가는 날은 야간자율학습을 빼주는 배려를 한다. 학원 안 다니고 혼자 공부하는 것만 자기주도학습이 아니라는 생각이다. 중요한 건 자신의 의지다.

신입생 이렇게 뽑아요
인성 중요,
면접 대기 중 태도도 관찰

"공부만 잘하는 학생은 필요 없습니다. 바른 인성을 가진 학생을 원합니다."

손성호 상산고 입학관리부 교사가 말하는 상산고의 인재상은 도덕성을 갖춘 사람이다. 중학교 내내 전교 1등을 했더라도 인성에 문제가 있다고 판단하면 불합격시킨다. IQ 200짜리 천재가 악인惡人이라면 보통 사람보다 사회에 더 큰 피해를 줄 수 있다는 생각에서다.

인성은 2단계 전형인 면접에서 평가한다. 하지만 우선 1단계를 통과해야 면접을 치를 수 있다. 1단계에서는 교과내신과 출결 성황만으로 모집 정원(총 384명, 남자 256명, 여자 128명)의 2배수 내외로 뽑는다. 대부분의 전국 단위 모집 자사고가 학교생활기록부는 물론 자기소개서, 교사추천서 등을 함께 제출받아 평가하는 것과 대조적이다. 자기소개서 등 서류 작성은 아무래도 교육열 높은 지역 학생이 유리하기 때문에 강남 대치동 출신이나 강원도 산골 출신을 공평하게 평가하려는 의도가 깔려 있다.

1단계는 학교생활기록부 평가로, 교과 성적(400점)과 교과 외 성적의 출결 상황(30점)을 합쳐 430점 만점이다. 2단계에서 평가하는 교과 외 성적은 창의적 체험 활동·독서 활동·교과학습 발달 상황의 세부 능력 및 특기 사항·행동 특성 및 종합 의견(50점), 봉사 활동(20점) 등으로 점수 차가 거의 없어 당락을 결정하는 건 국어·영어·수학·사회·과학 등 5개 주요 과목 성적이다. 특히 중요한 건 다른 과목보다 배점이 높은 수학이다. 수학은 100점, 국어·영어는 각각 80점, 사회·과학은 각각 60점, 2014학년도부터 반영하고 있는 체육은 20점이다. 3학년 1학기에 좋은 성적을 받는 게 더 유리하다. 1학년 2학기는 10퍼센트, 2학년 1·2학기는 각각 25퍼센트, 3학년 1학기를 40퍼센트 반영하기 때문이다. A, B, C 세 단계로 환산해 반영하는 체육 성적은 A나 B일 경우 감점이 없지만 C는 감점을 받는다.

2단계에서는 교과 성적(400점), 교과 외 성적(100점), 자기주도학습 면접(70점)과 인성 면접(30점)을 합쳐 600점 만점으로 합격자를 가린다. 면접 점수는 총 100점으로 학교생활기록부(500점)에 비해 낮지만, 1단계 응시생 간 편차가 거의 없는 것을 감안하면 당락을 좌우한다고 할 수 있다. 2014학년도 입학 전형에서 1단계를 통과한 학생들의 내신 성적 평균은 전교 5퍼센트 내외였다. 1단계를 턱걸이로 겨우 통과했다고 해서 실망할 필요는 없었다. 면접 뒤집기가 가능했기 때문이다. 손 교사는 "올해 면접은 자기주도학습 면접과 인성 면접으로 나누어 진행하며, 개별 면접과 집단 면접을 병행하여 시행할 계획"이라며 "특히 집단 면접에서는 지원자 자신의 생각을 논리적으로 정리하여 답변하는 능력뿐만 아니라 지원자 상호 간의 이해와 소통 및 대처 능력에 대한 평가도 이루어질 것"이라고 말했다.

상산고에서는 자기소개서나 교사추천서는 평가 대상이 아니다. 그렇지만 손 교사는 "면접은 기본적으로 지원자가 제출한 서류의 내용을 바탕으로 진행하므로 자기소개서나 교사추천서는 사실적이고 구체적으로 기술하는 것이 좋다"고 설명했다. 자기소개서는 '나의 꿈과 끼, 인성'이라는 내용으로 1500자 이내로 작성해야 한다. 교사추천서는 다른 학생들과 비교 평가하여 지원자의 잠재력과 인성과 관련하여 고려해야 할 사항이 있을 경우 경험적 사례를 들어 500자 이내로 작성한다.

인성 영역에서는 학급의 갈등 상황을 제시한 뒤 해결 방법을 찾아보라는 식의 질문을 한다. 손 교사는 "면접에 인성 영역이 따로 있지만 사실상 모든 면접이 인성을 평가하는 시간"이라고 말했다.

면접 시간뿐 아니라 대기하는 동안에도 학생의 태도를 관찰한다. 아무 곳에나 쓰레기를 버린다거나 시끄럽게 떠드는 등 다른 사람에게 피해를 주면 고려 대상이다.

상산고 이모저모
02

학년별 양서 읽기 수업 도서목록

학년	책(저자)
1 학년	《구운몽》(김만중), 《오래된 미래》(헬레나 노르베리), 《내 영혼이 따뜻했던 날들》(포리스트 카터), 《엔트로피》(제레미 리프킨), 《학문의 즐거움》(히로나카 헤이스케), 《동양철학 에세이》(김교빈), 《서양화 자신 있게 보기 2》(이주헌), 《자유론》(존 스튜어트 밀), 《변신》(프란츠 카프카), 《E=MC²》(데이비드 보더니스), 《나무야 나무야》(신영복), 《미쳐야 미친다》(정민), 《소유냐 존재냐》(에리히 프롬), 《금오신화》(김시습), 《성자가 된 청소부》(바바 하리 다스), 《군주론》(마키아벨리) 등.

2학년	《싯다르타》(헤르만 헤세), 《죽은 경제학자의 살아 있는 아이디어》(토드 부크홀츠), 《정본 백석 시집》(백석), 《당신들의 천국》(이청준), 《오주석의 옛 그림 읽기의 즐거움 1》(오주석), 《차라투스트라는 이렇게 말했다》(프리드리히 니체), 《리어왕》(윌리엄 셰익스피어), 《징비록》(유성룡), 《월든》(헨리 데이비드 소로), 《과학혁명의 구조》(토마스 쿤), 《페스트》(알베르 카뮈), 《침묵의 봄》(레이첼 카슨), 《쥐 1·2》(아트 슈피겔만), 《삼국유사》(일연), 《작은 것이 아름답다》(E. F. 슈마허), 《행복의 정복》(버트런드 러셀) 등.

하루를 이렇게 보내요

시간	일과
6:00~6:20	점호·세면
6:20~7:20	아침 식사
7:20~8:00	자율학습
8:10~12:00	1·2·3·4교시
12:00~12:50	점심 식사
12:50~13:30	자율 활동(3학년은 자율학습, 1·2학년은 동아리 활동 등)
13:30~17:20	5·6·7·8교시
17:30~18:30	저녁 식사
18:30~21:20	자율학습 또는 특강
21:20~21:50	간식
21:50~23:30	기숙사에서 자율학습
23:30~0:00	세면
0:00	취침

2

인 천 하 늘 고

주말마다 석학을
만 나 는 학 교

인천하늘고(이하 하늘고)는 2011년 인천국제공항공사가 설립한 전국 단위 자사고다. 개교 당시엔 광역 단위 자사고였지만 이듬해인 2012학년부터 전국 단위로 학생을 선발했다. 개교 당시만 해도 기대보단 우려가 컸다. 하나고, 민사고, 외대부고 등 10여 개가 넘는 쟁쟁한 전국 단위 자사고가 있는데 후발 주자인 하늘고가 경쟁력을 갖추기 어려울 것이라는 우려였다. 하지만 졸업 첫해인 2014학년도 서울대 수시 모집에 7명을 합격시키며 단숨에 인천을 대표하는 명문고로 자리매김했다. 더구나 이번 졸업생은 인천공항 임직원 자녀와 지역 학생으로만 이뤄져 있다는 점에서 주목할 만하다. 전국 단위로 선발한 학생이 치르는 2015학년도 대학입시에선 더 좋은 성적을 기대할 수 있기 때문이다.

인천하늘고 1·2학년 학생은 누구나 체육·예술을 각각 한 가지씩 필수적으로 익혀야 한다. 인성·감성·사회성을 기르는, 이른바 1인 1체·1예 교육이다. 여기엔 '학교는 문제 잘 푸는 수험생을 찍어내는 공장이 아니라 리더를 양성하는 공간이 돼야 한다'는 철학이 깔려 있다. 1인 1체·1예 교육을 강조하는 것도 이런 교육철학을 바탕으로 지·덕·체를 고루 갖춘 인재를 양성하기 위해서다.

1인 1체·1예 교육이 면학 분위기를 만든다면 하늘고의 특성화 교육 중 하나인 고교-대학 연계 프로그램은 학업의 튼튼한 기둥과 지붕을 쌓는 역할을 한다. 서울대·연세대·카이스트 등 일류 대학의 교수를 초빙해 매주 일요일마다 대학 수준의 교양 강좌를 듣는 위크엔드 칼리지 코스, 대학교수 지도 아래 실험·연구를 수행하고 논문을 쓰는 R&E가 대표적이다.

지·덕·체를
고루 갖춘
인재 양성

●   후발 주자로서 경쟁력을 갖추기 위해선 하늘고만의 특별한 무언가가 필요했다. 하지만 개교 첫해인 2011학년도엔 광역 단위라 다른 특목고·자사고처럼 우수 학생을 싹쓸이하는 '선발 효과'에 기댈 수 없었다. 또 전교생이 기숙사 생활을 하며 한 달에 한 번만 집에 가기 때문에 사교육 효과를 기대할 수도 없었다. 오직 학교가 제공하는 프로그램만으로 성과를 이끌어내야 했다.

강석윤 교장은 '지·덕·체를 고루 갖춘 인재'에서 답을 찾았다. 여기엔 학교는 문제 잘 푸는 수험생을 찍어내는 공장이 아니라 리더를 양성하는 공간이 돼야 한다는 철학이 깔려 있다. 1인 1체體·1예藝 교육을 강조하는 것도 이런 이유에서다.

하늘고 학생은 수요일 오후와 토요일 오전에 체육 한 가지와 예

▌인천하늘고 1·2학년 학생은 누구나 체육·예술을 각각 한 가지씩 필수적으로 익힌다. 인성·감성·사회성을 기르는 이른바 1인 1체·1예 교육이다.

술 한 가지를 선택해 배운다. 체육은 검도·농구·라크로스·배드민턴·탁구·테니스·절권도 등 10여 종, 예술은 가야금·대금·보컬·바이올린·클라리넷·통기타·드로잉 등 20여 가지다. 수요일 방과 후와 토요일 오전 8시 20분이면 모든 학생이 책을 덮고 운동장이나 음악실·미술실 등으로 모여든다. 1학기엔 통기타와 탁구, 2학기엔 배드민턴과 드럼을 배운 1학년 천모 군은 "학교가 재미있는 곳이라는 걸 여기 와서 처음 느꼈다"며 "음악실에서 드럼 한번 치고 나면 모든 스트레스가 날아간다"고 말했다. 댄스를 배우는 2학년 노모 양은 "원래 소심한 성격에 몸치라 주눅이 들곤 했는데 댄스를 배운 이후론 자신감이 생기고 무대에 서는 것도 겁이 안 난다"고 말했다.

체육·예술 강좌는 학생 의견을 들어 개설한다. 2학년 정민석 군은 "요가를 배우고 싶었는데 여학생 반만 있어 학교에 남학생 반도 만들어달라고 건의했더니 곧바로 남학생 요가반을 개설해줬다"며 "학교가 이렇게 학생 의견에 귀 기울이고 있다는 걸 느낀 후로는 선생님한테 고민도 쉽게 털어놓는다"고 말했다. 1인 1체·1예 교육이 인성·감성 발달은 물론 학교·선생님과의 거리감을 줄이는 데도 일조한 셈이다.

고교–대학 연계
위크엔드 칼리지 코스

●   1인 1체육 1예술 교육이 면학 분위기를 만든다면 하늘 고의 특성화 교육 중 하나인 고교–대학 연계 프로그램은 학입의 튼 튼한 기둥과 지붕을 쌓는 역할을 한다. 서울대·연세대·카이스트 등 일류 대학의 교수를 초빙해 매주 일요일마다 대학 수준의 교양 강 좌를 듣는 위크엔드 칼리지 코스Weekend College Course, 대학 교수 지도 아래 실험·연구를 수행하고 논문을 쓰는 R&E Research&Education가 대 표적이다. 또 학기별로 특정 주제를 선정해 한 학기 동안 강의를 듣 고 지도교사와 함께 연구를 진행하는 과제 연구 수업도 있다. 모두 프로젝트형 연구 수업이다.

하늘고 1·2학년 전교생이 필수로 이 과정에 참여한다. 토론·연구 결과물은 논문 작성으로 이어진다. 2학년 정민석 군은 "하늘고 학

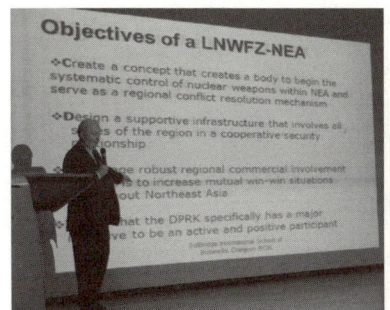

▌우송대 존 앤디콧 총장의 특강 모습. ▌인천하늘고 토론수업 장면. ▌정보도서관에서 자료 조사 중인 학생들.(왼쪽 위부터 시계 방향)

생이라면 모두 1년에 1~2편씩 논문을 작성한다"며 "토론과 프로젝트 수업은 하늘고에선 일상"이라고 말했다. 김경훈 하늘고 특성화 교육 부장은 "학생들이 작성한 논문은 대학 입시에서 학생의 진로·적성 개발 활동을 드러내는 포트폴리오로 활용된다"며 "토론·연구

능력을 기르면서 동시에 대학 입시도 대비할 수 있다"고 말했다.

학생들 사이에서는 매주 해당 분야 석학을 만날 수 있는 위크엔드 칼리지 코스의 만족도가 높다. 지금까지 인간과 우주, 인간과 문화, 인간과 환경, 한국의 현대사회, 한반도의 통일, 미·적분학, 고급물리·화학 등 다양한 강좌가 열렸다. 해외 석학의 강의도 자주 열린다. 전미과학재단에서 9차례 수상할 정도로 연구 업적을 인정받은 러시아의 석학인 안드레이 테테노프(현 고르노 알타이스크 주립대 수리분석부 학과장) 교수는 2012년 1학기부터 2013년 1학기까지 1년 6개월 동안 하늘고에 머물면서 학생들에게 미적분·도형기하학 등 대학 수준의 수학을 가르쳤다. "국제 감각을 익혀야 한다"며 강 교장이 특별 채용한 덕분이다. 강 교장은 "세계의 트렌드를 주도하는 해외 석학 강의는 그 자체로 학생들에게 자극이 되고 학습 동기를 부여할 수 있다"고 설명했다.

테테노프 교수의 수학 강의는 최고 인기 강좌였다. 지난해 1학기 테테노프 교수의 수학 강의를 들은 1학년 조모 양은 "한국 수학처럼 공식을 외우는 게 아니라 하나하나 증명하고 점·직선·도형 등 기하학을 컴퓨터 프로그램을 이용해 입체적으로 배우는 과정이 흥미로웠다"며 "개념을 이해하는 방식으로 접근하니 수학이 쉽고 재미있었다"고 말했다. 조 양은 "한국 고등학생이 외국 석학의 강의를 어디 가서 들을 수 있겠느냐"며 "매 수업마다 '이런 기회는 다시 없다'는 생각에 긴장하고 온 신경을 집중해 들었다"고 했다.

2박 3일 동안 진행되는 R&E 프로그램

　　카이스트와 해외 대학 한 곳이 짝을 이뤄 여름방학 때 진행하는 특별 강연도 인기가 높다. R&E 프로그램의 일환으로 진행하는 이 과정은 2박 3일 동안 교수의 강의를 듣고, 이후 3~4개월 동안 이메일로 교수의 지도를 받으며 논문을 완성하는 프로그램이다. 2012년엔 카이스트와 미국 조지메이슨 대학 교수진이, 지난해엔 카이스트와 미국 밴더빌트vanderbilt 교수진이 2박 3일 동안 하늘고를 방문했다.

　　이 프로그램에 참여해 인공혈관의 활용 가치에 대한 논문을 쓴 바 있는 2학년 양모 군은 "꿈을 갖는 계기가 됐다"고 말했다. 그는 "그전까진 막연하게 직업 안정성만 고려해 약사를 꿈꿨지만 인공혈관과 인공장기 등 조직공학이라는 새로운 세계를 알게 되면서 이게

내 길이라고 깨닫게 됐다"고 덧붙였다. 고교—대학 연계 프로그램이 학생의 진로·적성 개발로까지 이어진 것이다. 김경훈 부장은 "국내 명문대는 물론 뉴욕주립대 송도캠퍼스, 유타대 등 국내에 진출한 해외 대학과 협력해 석학 교수 특강을 더 확대할 계획"이라고 말했다.

하늘고 교사진의 수준과 실력도 눈여겨볼 대목이다. 총 교원 59명 중 30명이 석·박사급이다. 심주석(수학)·김창재(수학)·이다지(역사) 교사 등 EBS 스타 강사만 6명이다. 이 외에도 전국연합학력평가 출제위원, 수능 교재 집필진이 다수 재직 중이다. 1학년 강모 군은 "교과서만 갖고 수업하는 선생님은 없다"며 "대부분 부교재를 직접 집필해 학생에게 나눠 준다"고 말했다. 선생님의 수업 준비 정도와 자세를 보면 저절로 수업에 집중할 수밖에 없다는 것이다. 전교생이 기숙 생활을 하기 때문에 방과 후 보충 지도를 위해 교사들이 밤 11시 넘어서까지 남는 것도 마다하지 않는다. 1학년 소모 양은 "수학 선생님들은 매일 당번을 정해 남아 있고 다른 과목 선생님도 학생이 질문이 있다고 하면 기꺼이 남는다"며 "지금까지 도와달라는 부탁을 거절한 선생님은 없다"고 말했다. 강 교장은 "기본적으로 교사가 실력으로 말하지 않으면 학생을 끌고 갈 수 없다는 것이 하늘고의 철학"이라며 "해외 대학 진학 희망자를 위해 수학·물리·화학·경제 등 AP(대학 선이수제) 과목도 운영하고 있다"고 설명했다.

학교는 재미있는 곳,
방학에도 집에 가기 싫어

Q 학교 주변이 정말 조용하다.

바로 옆 인천과학고와 인천국제고를 빼곤 걸어서 30분 거리 내에 다른 건물이 아예 없다. 공부하기엔 최적의 조건 같다. 게임 생각이 나도 갈 PC방이 없다. 전교생이 기숙사 생활을 하는데 다들 학교 밖에 나가려는 생각조차 안 한다. 환경이 탈출 심리를 아예 꺾어버린다.

Q 기숙사 생활이 답답하지 않나?

전혀. 6개월만 지나면 집보다 학교가 더 재밌다. 학교에서 할 게 너무 많다. 전교생 모두 운동·예술을 각각 한 가지씩 배운다. 검도·농구·라크로스·배드민턴·절권도·가야금·보컬·통기타 등 40여 종이 넘는다. 2~3명만 원해도 외부 강사를 초빙해 반을 개설해주기 때문에 배우고 싶은 게 있다면 얼마든지 배울 수 있다. 기숙사 한방 친구들(4인 1실)은 정말 베프(베스트 프렌즈)가 된다. 엄마보다 더 가까운 사이다. 1학년 여름방학 때는 20퍼센트 정도만 학교에 남지만 겨울방학엔 절반쯤 남고, 2학년이 되면 방학이 돼도 대부분 며칠만 집에서 쉬고 학교로 돌아온다. 학교에서 공부하는 게 집중이 더 잘된다.

Q 새 학교라 건물이 최신식이다.

모두 가장 마음에 들어 하는 부분이다. 교무실·면학실·음악실 등이 모여 있는 본관동과 기숙사동, 교실이 있는 교과동, 체육관까지 모두 연결돼 있다. 비 한 방울 안 맞고 이동할 수 있다. 실내 정원도 있고, 군데군데 쉴 수 있는 공간도 많다. 면학실에서 자율학습을 하는데, 각자 정해진 자리가 있어서 좋다. 또 본관동에 개인 사물함이 있어 수업에 필요한 물건은 여기 두고 다닌다. 냉난방도 잘된다. 여름엔 시원하고 겨울엔 집보다 따뜻하다. 이 점 때문에 방학 때 집에 안 가려는 친구가 있을 정도다.

Q 기숙사에서 야식은 안 시켜 먹나?

기숙사에선 야식을 시켜 먹을 수 없다. 대신 학교 매점(세븐일레븐)이 오후 11시까지 문을 열기 때문에, 밤늦게 출출한 배를 채울 수 있다. 또 한 달에 한 번 학교 식당에서 '스페셜데이'라는 것을 실시한다. 이날은 각 학급별로 먹고 싶은 음식(치킨, 피자, 족발)을 선택해서 시켜 먹는다. 이렇게 한 달에 한 번 공식적인 파티가 벌어진다.

Q 휴대폰 소지 금지라던데, 정말 안 쓰나?

처음엔 몰래 갖고 다니는 친구가 꽤 있다. 하지만 6개월만 지나면 집에 두고 온 휴대폰까지 그냥 다 해지한다. 중학생 때는 스마트폰 없이 산다는 걸 상상도 못 했는데 없이 살아보니까 신기하게 적응이 된다. 필요를 못 느낀다. 휴대폰을 없애니 확실히 공부할 때 집중이 더 잘된다. 노트북은 소지할 수 있지만 교실동에서만 사용 가능하고 기숙사 안으로는 들여올 수 없다.

Q 신생 학교라서 동문 의식이 좀 약할 수도 있겠다. 선후배 관계가 어떤가?

생긴 지 얼마 안 됐다고 선후배 관계가 약하겠거니 생각한다면 정말 오해다. 1인 1체·1예, 동아리 활동이 활성화돼 있어서 선배들과 친해질 기회가 많다. 게다가 신생 학교만의 장점이 있다. 권위와 전통을 먼저 내세우기보다는 서로 돕고 '우리끼리 잘해보자'는 동료 의식이 더 강한 것 같다. 딱딱한 선배라기보다는 친구라는 느낌이 더 강하다.

Q 첫 졸업 선배들의 수능 때는 특별한 응원을 펼쳤다던데.

올 2월에 졸업한 선배들이 첫 졸업생이다. 후배들 사이에서 뭔가 의미 있고 추억에 남을 선물을 주자는 얘기가 나왔다. 이런저런 의견이 오가다가 학생회에서 수능 응원 플래시 몹(불특정 다수의 사람이 특성 시간·장소에 모여 약속된 행동을 한 뒤 흩어지는 행위)을 제안했다. 3학년 선배들은 모르는 깜짝 공연이 돼야 했기 때문에 입에 입을 거쳐 참여 학생을 모집했다. 순식간에 100여 명의 1·2학년 학생들이 참여하겠다고 모였다. 1주일 넘게 3학년 선배들 몰래 모여 연습했다. 수능 일주일을 앞두고 기숙사동 앞에서 〈드림하이〉라는 드라마 주제곡에 맞춰 수능 응원 댄스 공연을 했다. 그 후로 3학년 선배들이 지나갈 때마다 '고맙다'고 인사를 건넸다.

신입생 이렇게 뽑아요

중3 내신 성적이 가장 중요,
국·영·수·과학만 반영

인천하늘고는 2011학년도 개교 당시 인천공항 임직원 자녀와 인천 거주 학생만 선발했지만, 2012학년도부터 인천공항 임직원 자녀와 인천 거주 학생뿐 아니라 전국 단위 학생을 뽑는 전국 단위 자사고로 바뀌었다. 매년 225명(정원) 8학급을 선발한다. 2014학년도엔 정원 외 3명을 포함해 총 228명을 선발했다.

입학 전형은 크게 일반 전형(180명)과 사회통합 전형(45명)으로 나뉜다. 일반 전형은 다시 A, B, C, D 4가지 방법으로 구분된다. A(100명)는 인천공항 임직원 자녀 전형, B(40명)는 지역(영종도) 주민 자녀 전형, C(20명)는 영종도 이외 지역 인천에서 선발한다. D(20명)는 전국 단위 선발이다. 사회통합 전형은 기회균등 전형(인천 23명)과 사회다양성 전형(전국 단위 22명)으로 나뉜다. 전국 단위 선발 인원은 정원 내 선발 인원 225명 중 일반 전형 D 20명과 사회다양성 전형 22명을 합해 총 42명인 셈이다. 사회다양성 전형 지원 자격은 소득 8분위(연 환산소득이 4인 가구 기준 6703만 원 이하) 이하이기 때문에 다른 학교에 비해 문턱이 높지 않은 편이다.

일반 전형과 사회통합 전형 모두 자기주도학습 전형으로 1단계에서 교과 성적(200점)과 출결(무단결석 시 감점)로 2배수를 뽑고, 2단계에서 1단계 성적 200점과 면접 40점을 합해 총점 240점으로 합격생을 가른다. 교과(내신) 성적은 2학년 40퍼센트, 3학년 60퍼센트를 반영한다. 2학년 1학기부터 3학년 2학기 중간고사까지 반영하는데, 국어·영어·수학·과학 네 과목을 평가한다. 국어 40점, 영어 60점, 수학 60점, 과학 40점씩을 반영하여 총 200점 만점으로 한다. 반영 비율은 전년도와 동일하지만, 올해부터 과목별 배점을 성취도 수준(A, B, C, D, E)으로 변환한다. 대부분 학생이 A 성적을 받을 것으로 예상되는바, 면접 점수가 당락을 가르는 관건이 될 가능성이 높다.

선발 과정에서 가장 중요시하는 요소는 교과(내신) 성적이다. 2013학년도 각 전형별 합격생의 내신 커트라인(200점 만점)은 일반 전형 D(전국)가 191.05점으로 가장 높았고, C(인천시) 188.65점, 사회통합 전형 178.05점, B(영종도) 147.26점, A(인천공항 임직원) 100.07점이었다. 최상규 인천하늘고 입학홍보부장은 "일반 전형 D 합격생의 커트라인인 191.05점은 내신 상위 4.5퍼센트 정도"라고 설명했다. 합격생 전체의 내신 평균은 177.29점이었다. 2014학년도 합격생은 점수가 더 올랐다. 최 부장은 "일반 전형 C는 중학교 내신 상위 5퍼센트, D는 상위 4퍼센트 내의 학생들이 합격했다"고 말했다.

2단계 면접 평가에서는 자기주도학습 과정 및 진로 계획(20점), 독서 활동(10점), 핵심 인성 요소 반영 활동(10점)을 평가한다. 최 부장은 "면접에서는 제출한 서류의 진실성을 확인하는 데 무게를 둔다"며 "자기소개서에 자신의 생각과 경험을 과장하지 않고 진실하게 담는 게 더 중요하다"고 말했다.

하루를 이렇게 보내요

● 주중

시간	일과
6:00~6:45	기상 및 세면(기숙사)
6:45~7:30	아침 식사
7:30~8:10	교실(교과동) 이동 및 수업 준비
8:10~12:00	오전 수업
12:00~13:10	점심 식사
13:10~16:30	오후 수업
16:30~18:20	방과 후 학교(교과동 · 본관동)
18:20~19:30	저녁 식사
19:30~23:30	자율학습(본관동)
23:30~0:00	기숙사 이동 및 취침(기숙사)

● 주말

시간	일과
6:30~7:00	기상 및 세면
7:00~8:00	아침 식사
8:00~8:20	교실 이동 및 준비
8:20~11:50	토 : 1인 1예 1체 활동(3학년은 진로 상담 및 자율학습). 일 : 종교·동아리 활동
11:50~13:00	점심 식사
13:00~18:00	주말 학습 프로그램(주말 석학 교수 강의, 과제 연구 등)
18:00~19:10	저녁 식사
19:10~23:30	자율학습
23:30~0:00	기숙사 이동 및 취침

3

포 항 제 철 고
포스텍에서 연구하는
R&E 원 조 학 교

경북 포항시에 위치한 포항제철고는 포스코 임직원 자녀 교육을 위해 1981년 설립한 학교다. 처음에는 포스코 임직원 자녀 60퍼센트, 경주·포항 지역 성적 우수 학생 40퍼센트였지만, 2010학년도에 자사고로 전환한 뒤 2012학년도부터 전국 단위로 학생을 모집하고 있다. 현재 고3 위로는 전국에서 내로라할 만한 우수생이 입학한 게 아니라는 얘기다. 하지만 이 학교의 대학 진학 실적은 전국 단위 선발 학교와 어깨를 나란히 한다. 2013학년도에는 서울대 29명, 연세대 15명, 고려대 31명, 카이스트 22명이 합격했고, 2012학년도 SKY 합격생은 88명, 2011학년도에는 110명이었다(중복 합격·재수생 포함). 김홍규 포항제철고 교장은 "전국 단위 선발 학생이 대학에 진학하는 2015학년도가 한 단계 도약의 계기가 될 것"이라고 말했다.

66

포항제철고 학생 가운데 약 25% 정도는 대학·연구소 등 외부 연구기관과 협력해 연구를 진행하는 R&E 프로그램에 참여한다. 이를 통해 학생들은 학업에 더욱 흥미를 가지는 것은 물론, 전공 선택 전 관심 분야를 연구하며 진로를 계발한다.

포항제철고에는 영어로 진행하는 인문·사회·수학·과학 기초 분야에 대한 통합적 연구 프로그램인 IBP도 있다. 이 프로그램을 통해 학생들은 실용적·창의적인 지식과 자연 및 사회 현장에 대한 통합적 인식력과 체계적 분석력을 기른다.

뿐만 아니라 학생들이 어려워하는 과목을 함께 공부할 수 있는 '심화 학습 동아리'도 있다. 학생들은 이를 통해 자신이 관심 있는 분야에 대해 자세히 알 수 있고 자신이 가고자 하는 학과에서는 어떤 것들을 배우는지, 자신의 꿈을 이루려면 어떤 것들을 준비해야 하는지 알게 된다.

99

실험 연구를 통해
깊이 있는
진로 탐색

포항제철고 대표 프로그램 중 하나가 10년 전부터 해오고 있는 R&E^{Research and Education}다. 대학·연구소 등 외부 연구기관과 협력해 진행하는 프로젝트다. 대학 진학에 도움이 된다는 이유로 최근 과학고·영재학교뿐 아니라 일반고에서도 하고 있지만, 몇 년 전까지만 해도 운영하는 학교가 드물었다. 포스텍이 인근에 있어 가능했다. R&E 참여 학생들은 방과 후나 여름방학을 이용해 걸어서 30분 거리인 포스텍 실험실에 간다. 김운태 연구부장은 "입학사정관제나 수시 등에 유리하다 보니 R&E를 하는 학교가 늘었지만 도입 초기에는 수능 점수가 대학 진학에 절대적일 때라 내부에 반대 여론이 많았다"고 설명했다.

아무나 참여할 수 있는 건 아니고 1학년 때 성적 우수자 중에서

▌ 포항제철고 학생들이 학교 인근 포스텍 실험실에서 이 대학 화학과 안양수 교수(오른쪽 둘째)
의 지도로 아스피린을 만들고 있다.

선발위원회를 통과해야 한다. 올해 프로그램에 참여한 학생은 약
120명으로, 전체 25퍼센트 정도다. 학생들은 68시간 이상 실험을
한 뒤 연구보고서를 제출한다. 매년 10월에는 우수한 논문을 선정
하는 R&E 논문 발표 대회도 한다. 인문계열은 경영·철학·경제·역
사 등에서, 자연계열은 수학·물리·화학·생명과학 등에서 선택할
수 있다. 이런 활동을 통해 학생들이 학업에 흥미를 가지는 것은 물
론, 전공 선택 전 관심 분야를 연구하며 진로를 계발한다.

실험 연구를 진행하는 포스텍 안양수(화학과) 교수는 "고등학생
때까지 배우는 지식은 양에 비해 깊이가 없다"며 "이런 경험을 통해

대학 화학과에 진학한 뒤 어떤 방식으로 연구하고 공부하는지 미리 경험할 수 있다"고 말했다. 진정한 의미의 선행학습이라는 것이다.

학생들의 만족도도 높다. 2학년 전모 군은 이 학교에 지원한 이유가 R&E였다. 전모 군은 "화학 실험을 직접 해보니 옷·탁자·약 등 우리 생활과 연관이 안 된 게 없었다"며 "앞으로 우리 생활에 도움이 되는 신소재를 개발하고 싶다"고 말했다. 그는 또 "고등학생이 포스텍 교수에게 직접 배울 수 있는 기회라 영광"이라고 덧붙였다.

러시아 교수
강의 들으며
수학 배경지식 쌓아

포항제철고는 올해 인문학과 자연 분야를 통합한 과제 연구 프로그램인 IBP^{Integrative Investigation Basic Program}를 신실했다. IBP는 미국식 대학선이수제 과정의 하나로 실시한 HSP^{Honors Students Program}의 대체 프로그램으로, 1학년 1학기 수학, 영어, 과학, 국어 성적을 토대로 학생을 선발해 1학년 2학기부터 진행한다.

이 프로그램은 수학, 과학, 인문, 사회 등 기초 학문 분야의 주요 이론과 학습자들의 사상 및 탐구 방법론 등을 역사적·종합적 관점으로 접근하여 통합적으로 탐구하고 이해하는 과정이다.

박성두 입학홍보부장은 "현 시대가 요구하는 인문과 과학, 철학 등 다양한 소양을 갖춘 창의적 융합형 인재를 육성하는 것이 이 프로그램의 목적"이라며 "대학 전공 분야를 탐구하는 데 필요한 실용

▌러시아 교수님의 IBP 수학 수업 장면.

적·창의적인 지식과 기능, 자연 및 사회 현상에 대한 통합적 인식력과 체계적 분석력, 학문 연구에 대한 도전의식과 합리적 문제 해결력을 길러준다"고 설명했다.

　이 프로그램은 영어 원서 및 원문 교재를 중심으로 영어로 진행하는 것이 원칙이며 정보통신 분야는 포스텍 컴퓨터공학과 교수, 수학은 본교에 재직 중인 러시아 교수와 포스텍 수학과 교수, 과학은 서울대 교수, 인문 분야는 포스텍 인문사회 교수, 사회 분야는 한동대 교수를 초빙해 진행한다.

스포츠를 통한
행복 학교
프로젝트

● 　　　영재 프로그램뿐 아니라 학생들이 어려워하는 과목을 함께 공부할 수 있는 심화 학습 동아리도 있다. 학생이 멘토이사 멘티가 되는 것이다. 일반적인 동아리 활동과는 별개다. 현재 PIPE(영어 토론 동아리), 크렉스(화학 탐구 동아리), 무지의 지(철학 동아리), 잡담(job談·경제 동아리) 등이 있다. 3월 초 학생들이 자신과 뜻이 맞는 친구와 함께 '학습 동아리 운영 계획서'를 제출하면 담임교사 재량으로 허가를 해준다.

영어 토론 동아리 PIPE에서 활동 중인 2학년 김모 양은 일주일에 한 번씩 정치, 경제 관련 시사 이슈에 대한 자료를 만들어 발표한다. 영어 토론에 관심 있는 친구 5명과 함께 활동한다. 김 양은 자신의 발표 차례가 되면 일주일 동안 인터넷과 책 등을 통해 자료 조사를

▌1인 1기(오케스트라, 골프), 토요스포츠 클럽(요트, 클라이밍) 활동 중인 포항제철고 학생들.(왼쪽 위부터 시계 방향) ▌영어 토론 동아리 PIPE의 한 학생이 일본 방사능에 대해 발표 중이다.(아래)

하고, 파워포인트PPT를 만든다. 영어로 발표한 뒤에는 친구들과 토론을 한다. 그는 "자료 조사를 하면서 관심 분야에 대해 자세히 알 수 있고 발표하면서 영어 말하기 실력도 향상된다"며 "장래희망이 경영 컨설턴트인데 이런 훈련이 대학 진학은 물론 꿈을 이루는 데 도움이 될 것"이라고 말했다.

학교는 공부만 강조하지는 않는다. 1학년 학생은 종합체육과 검도 중에서 의무적으로 한 가지를 배워야 한다. 1인 1기다. 2013년 9월에는 포스코교육재단에서 '글로벌 일류 시민을 양성하는 행복한 학교'라는 비전을 발표했다. 이른바 행복한 학교 만들기 프로젝트다. 입시 위주의 교육만으로는 더 이상 경쟁력을 갖출 수 없다는 판단 아래 이를 반영한 다양한 프로그램을 개발 중이다. 지난해 9월부터 본격 시행한 토요 스포츠 활동이 그중 하나다. 입시 스트레스를 해소하고 학교 폭력을 줄이기 위한 방안으로 마련한 것으로, 베드민턴·스쿼시·스케이트·클라이밍·요가·조정 등을 선택해 배울 수 있다. 박 부장은 "학교는 학생들이 자신의 적성과 진로를 파악해 목표를 세우고 집중할 수 있게 도와야 한다"며 "내년부터 모든 교사가 학생 상담을 전문적으로 하는 방안도 마련할 것"이라고 설명했다.

규율 엄격하지만,
학생의 다양한 의견 수렴

Q 학교 주변 환경이 좋다.

포항시 지곡동 주택 단지는 포스코 임직원 자녀 교육을 위해 만든 곳이
다. 집과 학교·체육관·공원·마트밖에 없다. PC방같이 학생에게 유해
한 공간은 없다. 또 학교 인근에 포스코교육재단의 교육기관만 7곳이다.
걸어서 20~30분 정도 거리에 포스텍이 있고, 공업고등학교·중학교·초
등학교·유치원 등이 있다.

Q 포스코 임직원 자녀와 일반 학생은 잘 어울리나?

임직원 자녀들이 더 순한 느낌이다. 지곡 단지 안에서 유치원부터 중학교
까지 다니다 들어온 학생이 많아서 그런 것 같다.

Q 학교의 가장 큰 장점은 뭔가?

학생들의 다양한 의견을 잘 수용한다. 예를 들어 특성화 교육 프로그램이
HSP(Honors Student Program, 수학영재교육)나 ASP(Advanced Science Program,
영재심화교육)처럼 자연계열을 대상으로 진행하는 게 대부분이었는데, 인
문계열을 위한 프로그램을 늘려달라고 요청했더니 기존의 프로그램을 개
선해 IBP를 개설해주었다. 뿐만 아니라 모의 유엔도 개최할 수 있게 도와
줬다.

불만은 없나?

규율이 엄격하다. 이성 교제를 하다 걸리면 담임선생님과 특별 상담을 해야 한다. 여학생 두발 규제까지 있다. 귀 밑 10센티미터다. 두발 규제를 해도 멋 내고 싶으면 어떻게든 꾸미니까 무의미하다고 생각한다. 오히려 하지 말라니까 더 하고 싶은 심리가 작용하는 것 같다. 내년부터 귀 아래 18센티미터로 바뀌거나 완전 자유화한다는 소문이 있는데 어떻게 될지 모르겠다.

포항 외에 전국에서 선발된 학생은 전원 기숙사 생활을 한다. 불편하지 않은가?

전교생 1400여 명 중 전국에서 뽑힌 304명이 기숙사 생활을 한다. 4인 1실인데, 생긴 지 2년밖에 안 돼 시설이 깨끗해서 좋다. 인성 교육을 내세워 방 바꾸는 걸 꺼려 하는 학교가 많은데 우리 학교는 방 교체가 활발한 편이다. 만약 A는 아침형 인간이고, B는 저녁형 인간이라면 서로 불편할 수밖에 없다. 바꾸는 게 맞다고 본다.

사교육 받는 사람은 얼마나 되나?

포항 애들은 학원에 다닐 수 있다. 학교에서도 사교육을 금지하지 않는다. 자율학습 때도 학원에 가는 시간은 빼준다. 하지만 2학년이 되면 대부분 그만둔다. 학원 다니는 것보다 혼자 공부하는 게 더 중요하다는 걸 깨달아서다. 자율학습은 인내와 집중력을 기르는 과정이다. 학교 수업 시간에 익숙해져 대부분 50분 넘겨 집중하는 걸 어려워한다. 60~100분간 치러지는 대학수학능력시험에서 집중력을 잃지 않으려면 훈련이 필요하다. 자율학습을 시작하고부터 모의고사 때 집중력이 늘었다는 학생이 많다.

면접 비중 높아져

포항제철고는 2012학년부터 전국 단위 자율형사립고로 전환했다. 그 이전엔 경주·포항 지역에서만 선발했다. 박성두 포항제철고 입학홍보부장은 "학교 건학 이념이 자주인·도덕인·창의인"이라며 "스스로 노력할 줄 알고, 다른 사람을 배려하며, 세계를 무대로 자신의 소질을 계발하는 학생을 선호한다"고 말했다.

내신 성적이 우수한 학생을 뽑는 A(172명)는 자기주도학습 전형으로 모집하고, 포스코 임직원 자녀를 위한 B(257명)는 성적과 출결만 평가한다. A전형으로 전국과 포항시에서 각각 100명과 51명을 뽑고, 사회통합 전형으로 21명을 선발한다.

1단계에서 교과 성적과 출석 점수를 더하여 정원의 1.5배수를 뽑고, 2단계에서 면접을 치른다. 반영 과목은 국어, 사회, 수학, 과학, 영어로 1학년 2학기부터 3학년 1학기까지 성적을 평가한다. 학기별 반영 비율은 1학년 2학기 20퍼센트, 2학년 1,2학기 각각 25퍼센트, 3학년 1학기 30퍼센트다. 교과별 반영 비율은 다르다. 수학이 30퍼센트로 가장 높고, 영어 25퍼센트, 국어 15퍼센트, 과학 20퍼센트, 사회 10퍼센트다.

2단계에서는 1단계 점수(160점 만점)와 서류 30점, 면접 10점을 합쳐 최종 합격자를 선발한다. 자기소개서는 지원 동기 및 진로 계획

(400자), 독서 활동을 포함한 자기주도학습 능력(700자), 인성(400자) 등으로 나눠서 기술해야 한다.

독서활동 영역에서는 감명 깊게 읽은 책을 선정해 자신의 삶에 끼친 영향에 대해 서술해야 한다. 박 부장은 "다양한 영역에 대한 풍부한 배경지식을 쌓고 문화적 소양을 갖춘 우수한 인재를 선발하려는 의도"라고 설명했다.

2015학년부터는 면접이 더욱 강화된다. 전국 단위 모집으로 바뀐 뒤 A전형 지원자의 학업 수준이 더 높아졌다. 전에는 합격생 평균 내신이 상위 3~5퍼센트 이내였는데, 2012학년도 이후 2퍼센트 내 학생이 많아졌다.

면접에서 최고점과 최저점의 차이는 겨우 8점이다. 1단계를 턱걸이로 통과한 학생 중 면접을 잘 봐 붙는 경우가 없지는 않지만, 내신 5퍼센트 학생이 1퍼센트를 뛰어넘는 건 사실상 불가능하다는 얘기다. 성적만으로는 불합격이지만, 면접을 잘 봐 합격하는 학생은 한 해에 전체의 7퍼센트 정도라고 한다. 내신 상위 2~3퍼센트 학생이 촘촘하게 있으므로 1점이 당락을 좌우할 수도 있다. 성적이 높다고 면접을 소홀히 해서는 안 되는 이유다.

전국 단위 선발로 바뀐 지 얼마 안 된 탓인지 학생의 품성을 객관적으로 평가할 수 있는 도구는 아직 부족한 편이다. 박 부장은 "포스코교육재단 차원에서 객관적인 학생 인성 평가 방법을 고민 중"이라며 "2015학년부터는 학생 인성이 당락에 큰 영향을 미칠 것"이라고 말했다.

하루를 이렇게 보내요

시간	일과
6:30~7:00	기상
7:00~7:40	아침 식사
8:05~8:20	영어 듣기
8:20~8:30	아침조회
8:30~9:20	1교시
9:30~12:20	2·3·4교시
12:30~13:10	5교시(1학년), 점심시간(2·3학년)
13:20~14:10	점심시간(1학년), 5교시(2·3학년)
14:20~15:00	6교시
15:00~15:20	청소
15:20~16:10	7교시(수업 또는 방과 후 수업)
16:20~17:10	방과 후 수업(매주 첫째, 셋째 주 금요일에는 동아리 활동)
17:20~18:10	방과 후 수업(매주 첫째, 셋째 주 금요일에는 동아리 활동)
18:10~19:10	저녁 식사
19:10~20:30	자율학습 1(학교 열람실)
20:45~22:00	자율학습 2(학교 열람실)
22:10~23:30	자율학습 3(학교 열람실)

하 　 나 　 고

이튼 칼리지를 롤 모델
삼은 전인교육 철학

2013학년도 대학 입시에서 강남 엄마들이 가장 주목한 학교 중 하나는 하나고다. 2010년 개교 당시부터 값비싼 학비로 '귀족학교'니 뭐니 하는 다양한 사회적 이슈를 불러일으켰지만 엄마들의 관심은 하나고가 받아 든 첫 대입 성적표에 쏠렸다. 결과가 공개되자 반응은 폭발적이었다. 서울대 전형에서 수험생 다섯 명중 한 명꼴(23퍼센트)인 46명이 합격했다. 연세대와 고려대에는 각각 18명, 42명이 붙었다. SKY 합격 인원만 106명, 3학년 전체 학생 200명의 절반이 넘는 숫자다.

영국의 명문 사립고 이튼 칼리지를 롤 모델로 삼
은 **하나고**는 지·덕·체에서 지와 체의 위치를
바꿔 체·덕·지를 강조한다. 건강한 신체와 바른
인성을 지식보다 우선시하는 것이다. 자연히 학교
가 원하는 학생은 인성과 교양을 갖춘, 그러면서
공부도 잘하는 사람이다.
그래서 하나고는 다양한 프로그램으로 학생들에게
전인교육을 하고 있다. 대표적인 프로그램이 재학
중 운동 하나와 미술·음악 등 예술 분야 하나를
반드시 익혀야 하는 1인 2기 교육이다. 모든 학생
이 이를 통해 기초 체력을 튼튼히 하고 예술적 감
성을 키운다. 또 전원이 기숙사에서 지내면서 배려
심과 협동심, 타인과 어울려 사는 법을 터득한다.

고교 시절이
가장 즐거웠다는
아이들

● 　　2013학년도 재학생의 서울대 수시 합격자 수(44명)만 떼놓고 보면 전국 단위 모집 자사고 중 1위다. 민족사관고는 37명(3학년 158명), 포항제철고는 25명(3학년 학생 460명), 상산고는 23명(3학년 학생 330명), 현대청운고는 18명(3학년 학생 162명), 광양제철고는 6명(3학년 학생 373명)이 각각 서울대에 들어갔다.

　하나고는 뭐가 다른 걸까. 대부분의 국내 고등학교는 명문대 많이 보내기에만 모든 초점을 맞추고 있다. 체육 시간은 슬그머니 빼고, 모든 시간을 입시 공부에 투입한다. 그러나 하나고는 교육철학이 정말 남다르다. 영국의 명문 사립고 이튼 칼리지Eton college를 롤모델로 삼은 데서 알 수 있듯 체육을 강조한다. 흔히 말하는 지·덕·체知德體에서 지知와 체體의 위치를 바꿔 체·덕·지를 강조한다. 건강한 신체와 바른 인성이 지식보다 우선이란 의미다. 김진성 전 교장은 "체력과 덕성 없이 지식만 갖춘 사람은 세계 무대에서 경쟁력을 갖춘 리더가 될 수 없다"고 강조했다.

자연히 학교가 원하는 학생은 인성과 교양을 갖춘, 그러면서 공부도 잘하는 사람이다. 김 교장은 "고려대 의대생의 성추행 범죄는 입시 위주의 교육 때문에 일어난 것"이라며 "'좋은 대학에만 들어가면 끝'이라는 사회 분위기가 학생들을 궁지로 몰아넣고 있다. 하나고는 다양한 프로그램으로 전인교육을 하고 있다"고 말했다.

대표적인 프로그램이 1인 2기 교육이다. 모든 학생은 재학 중 운동 하나, 미술·음악 등 예술 분야 하나 등 두 가지를 무조건 익혀야 한다. 이를 통해 기초 체력을 튼튼히 하고 예술적 감성을 키운다. 또 전원 기숙사에서 지내면서 배려심과 협동심, 타인과 어울려 사는 법을 터득한다. 자신이 선택한 과목을 들으며 진로를 개발하고, 자기주도학습 능력을 기른다.

대입 합격률과 함께 하나고에 관심이 쏠리는 이유 중 하나가 바로 이 부분이다. 많은 학부모들은 "남들이 공부만 파고들 때 운동하고 악기 하면서 언제 공부를 하느냐"는 걱정이 앞서는 게 사실이다. 그런데 대입 성적까지 좋다고 하니 비결이 뭔지 더욱 궁금해지는 것이다.

하나고 1기생들은 대부분 "지금까지 다닌 초·중 모든 학교를 통틀어 고교 시절이 제일 재미있었다"고 입을 모은다. 재미라니? 고3은 고통스러운 기간 아닌가? 대다수 고3 학생들이 힘들어하는 시기를 재미있게 보내는 데 하나고의 놀라운 대입 합격률의 비결이 있다.

❚ 하나고 학생은 재학 중 운동 한 가지, 미술 음악 등 예술 분야 한 가지를 반드시 익혀야 한다.

1인 2기로
심신을
단련하다

●   문정선 양(서울대 사회과학대학 합격)과 김하늘 양(연세대 사회복지학과 합격), 김현우 군(고려대 미디어학부 합격)을 만나 학교생활을 들었다. 재미와 공부 두 마리 토끼를 다 잡은 비결을 말이다.

　이들도 처음부터 학교생활이 즐거웠던 건 아니다. 외동딸로 자란 김 양에게는 처음으로 부모님과 떨어져 기숙사에서 지내는 게 커다란 도전이었다. 중학교 때 늘 최상위권 성적을 유지하던 김 군은 고교 입학 후 첫 시험에서 상상도 못하던 점수를 받아 아연실색하기도 했다. 사회배려대상자 전형으로 학교에 입학한 문 양은 "귀족 학교에서 왕따를 당하진 않을까 하는 걱정에 처음엔 밤잠을 설쳤다"고 털어놓았다. 하지만 한 학기가 지나기 전에 모두 쓸데없는 고민이었다는 걸 알게 됐다. 김 군은 "학교가 너무 재미있어서 2학기 때는

▍하나고 1회 졸업생인 문정선, 김하늘 양과 김현우 군(왼쪽부터)은 1인 2기 활동이 학창 시절의 가장 즐거운 경험이라고 말했다.

한 달에 한 번인 정기 귀가일에도 집에 돌아가기 싫을 정도였다"고 회상했다.

재미있는 학교생활의 중심에는 1인 2기가 있었다. 전교생은 의무적으로 7교시 수업이 끝난 뒤, 4시 20분부터 5시 50분까지 자신이 선택한 프로그램에 참여한다. 월·금요일에는 체육, 화·목요일에는 예술(음악 또는 미술), 수요일에는 동아리 활동이다. 이러한 활동을 통해 신체를 단련하고, 예술적 감성을 기른다. 동시에 대학 입시라는 길고 험난한 여정을 이겨낼 힘도 얻는다.

김 양은 "수험생에게 가장 필요한 체력과 정신력을 확실히 키울 수 있었다"고 말했다. 3학년 1학기 때 복싱을 배운 그는 공식 활동이 없는 2학기 때도 답답할 때마다 헬스장을 찾았다. "땀이 비 오듯 쏟아질 때까지 스파링을 하면 스트레스도 해소되고, 집중력도 향상됐어요. 특정 분야에 집중하는 습관이 결국 학업 능력까지 향상시킨 셈이죠. 1인 2기가 없는 학교에 갔으면, 대학 진학을 포기했을지도 몰라요."

사교육 **제로**,
자기주도학습의
전당

하나고의 또 다른 자랑은 자기주도학습이다. 한 달에 한 번 있는 정기 귀가일을 제외하곤 학생은 계속 학교 기숙사에 머문다. 사교육이 침투할 틈을 없애기 위해서다. 학생들은 열심히 수업을 듣고, 스스로 공부하는 법을 터득해나간다. 김 군은 "중학교 시절 영어·수학 등 사교육을 받은 게 입학 초기엔 오히려 부작용으로 돌아왔다"고 말했다. 수업 시간에 궁금한 게 있어두 그냥 넘어가고 학원에서 해결하곤 했던 습관이 몸에 배어 있었기 때문이다. "그때는 학원 강사에게 물어보면 됐지만, 하나고에서는 불가능하잖아요. 모르는 게 있으면 알 때까지 100번, 1000번 질문해야 합니다."

학습 능력만큼 중요한 게 생활 습관이다. 모든 걸 스스로 해야 한다. 늦잠꾸러기도 아침 7시 전에는 일어나야 한다. 오전 6시 40분부터 7시까지 진행되는 점호에 늦으면 같은 방을 쓰는 학생이 모두 벌점을 받기 때문이다. 김 양은 "처음에는 늦잠 자던 아이들도 같은 방 친구가 일찍 일어나서 준비하고 면학실에서 자습하는 모습을 보면 생활 습관을 바꿀 수밖에 없다"고 말했다.

교육 프로그램도 학교가 지향하는 다양한 인재 양성에 초점이 맞춰져 있다. 오전 8시 15분에 아침 명상 시간이 끝나면 학생들은 삼삼오오 모여 각자 수업하는 교실로 향한다. 무학년·무계열·교과교실제로 운영되는 하나고에서는 반별로 정해진 수업을 듣는 게 아니라 학생 개개인이 자신의 진로·적성·흥미·능력에 맞는 교과목을 선택해 수업을 듣는다. 인원수는 물론, 진행 방식·평가 방법까지 다양하다. 13명 이하의 소수만 수강하는 강의도 개설되는데, 등급의 불리함을 알면서도 선택하여 수강하는 학생들이 있다.

학교 측은 학생들의 의견을 반영해 수업을 구성하기 위해 학기가 시작되기 전에 수요 조사를 실시한다. 학생들이 다음 학기에 듣고 싶은 과목을 미리 선택하면, 이를 토대로 수업을 개설하는 것이다. 한 과목에 100명의 학생이 몰리면 반을 여러 개 만들고, 수업을 원하는 학생이 5명 이하면 폐강시킨다.

무학년·무계열·교과교실제 수업을 통해 학생들은 평소 흥미를 느끼는 분야를 배운다. 자신의 진로를 개발하고 발전시키는 시간도 된다. 김 군은 1학년 때 열린 과학논술수행평가에서 자신의 글쓰기 재능을 발견한 뒤 창의적 글쓰기, 논리적 글쓰기, 작문, 독서와 의사소통 1·2, 화법 등의 수업을 들었다. 이런 과정을 통해 "미디어학

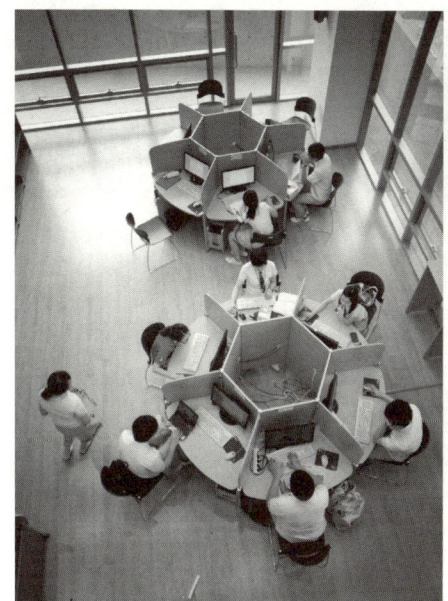

▌교내 곳곳에 설치된 컴퓨터. ▌태국으로 갔던 체험학습 현장. ▌하루 4번 식사와 간식이 나오는 식당.
(왼쪽부터 시계 방향)

부에 진학해 언론인이 되겠다"는 꿈도 키웠다. "금융시장의 이해나 고급수학 같은 과목은 대학교 전공 수준이에요. 그래서 내신에서 좋은 점수를 받기 어려운 단점도 있지만 관심 분야의 전문성을 미리 키울 수 있다는 게 장점이죠."

방학 때 집에 있으면
학교가 그리워져

Q 학교 안에서 이성 교제를 많이 하는지?

1기생 중 알려진 커플은 10커플 정도 된다. 학교 측에서는 성적이 떨어지지만 않는다면 크게 제지하지 않는다. 오히려 선생님들이 커플 학생들을 장난스럽게 놀리기도 할 정도다. 이런 분위기 덕분에 음지가 아닌 양지에서 건강하게 교제한다. 2학년 때 가장 많은 커플이 탄생했다. 하지만 3학년이 되니 공부하느라 바빠서 그런지 대부분 헤어지더라.

Q 남녀가 같은 기숙사 건물에서 생활하는데 사고 위험은 없나?

여학생은 1~4층, 남학생은 5~8층을 사용한다. 이성 기숙사에 무단으로 출입하는 건 중대한 교칙 위반이다. 퇴학을 당할 수도 있다. 호기심 때문에 도전하기에는 위험 부담이 너무 크다. 여학생이 생활하는 층에 남학생이 가기만 해도 CCTV로 감시하는 사감 선생님이 곧바로 "3층에 내린 남학생, 6층으로 올라가라"고 방송한다.

Q 학교 급식은 어떤가?

방학 때 집에 있으면 학교 식당이 그리워질 정도다. 집에서는 3일째 같은 반찬을 먹는 게 다반사지만 학교에선 그런 일이 절대 없다. 성장기라는 점을 감안해서인지 고기반찬이 많이 나온다. 밤 9시 간식 시간에는 머

핀·샌드위치 등을 매일 바꿔가며 준다. 밤늦게까지 공부해도 허기지지 않는다. 한 달에 한 번은 그달에 생일을 맞은 학생을 축하하기 위해 전교생에게 케이크를 나눠 준다.

Q 밤에 피자 같은 걸 먹고 싶을 때도 있겠다.

몰래 시켜 먹는다.

Q 사회배려대상자나 하나금융그룹 임직원 몫으로 들어온 학생들 성적이 저조한 편인가?

그런 학생들이 학교 평균을 낮춘다는 뉴스를 봤다. 사실이 아니다. 임직원 자녀 전형으로 들어온 친구들은 전국 단위로 모집하기 때문에 우수하다. 본인이 말하지 않으면 알 수 없다. 알려져도 달라지는 건 아무것도 없다. 차별 대우라거나 '왕따' 등도 전혀 없다.

Q '왕따'가 전혀 없다는 얘기인가?

다양한 지역에서 학생들이 모이다 보니 개성이 강한 학생이 몇 명 있다. 하지만 학교 자체가 다양성을 갖춘 인재 양성을 추구하다 보니 학생들도 자연스레 그런 문화를 배운다. 지내다 보면 다른 사람을 이해하고 포용하는 능력이 키워진다. 왕따나 학교 폭력은 한 번도 경험해보지 못했다.

Q 같은 방을 쓰는 친구와 문제가 생겼을 때는 어떻게 하나?

학기마다 한 방에 네 명씩 새롭게 배정된다. 서로 잘 안 맞아도 대화를 통해 해결하는 수밖에 없다. 방을 바꾸는 건 여러 사람을 힘들게 하는 일이라 생각할 수도 없다. 방 교체는 한 번도 본 적 없다. 만약 나는 자고 싶은데 룸메이트는 밤늦게까지 공부해서 숙면에 방해가 된다면, 사실대로 내 고충을 털어놓고 타협점을 찾는 수밖에 없다.

Q 공식 소등 후에도 공부하는 학생이 많은가?

밤 12시 20분에 기숙사 불을 끈다. 1시 20분까지는 스탠드를 켜놓고 공부하는 게 허용된다. 각 방에 1명꼴로 이 시간을 활용하는 친구가 꼭 있다. 시험 기간이나 고3에 올라가면 공부할 시간이 부족하기 때문에 여러 가지 방법을 동원한다. 아침형 인간은 새벽 4시에 일어나 스탠드 불을 켜고 책을 편다. 꼭 밤을 새워야 한다면 화장실을 이용하기도 한다.

Q 외출은 한 달에 몇 번이나 하나?

한 달에 딱 한 번 정기 귀가일이 있다. 이날은 모든 학생이 집에 간다. 정기 귀가일 외에도 병원에 간다든지, 꼭 필요하다면 외출증을 끊고 교문 밖으로 나갈 수 있다. 하루 전에 학교에 신청해야 하고, 돌아올 때는 반드시 확인증을 받아 와야 한다. 예컨대 교회를 다녀왔으면 주보를 제출하고, 병원에 들렀으면 진단서를 내야 한다.

Q 사교육 받는 학생은 없나?

몰래 할 수는 있겠지만 사교육 받는 게 알려진 일은 없다. 고2 때는 방학에도 학교에 남아 있는 아이가 많다. 사교육을 못 받아 1학년 때 불만이 있던 아이들도 2~3학년 올라가면 학교의 정책에 순응한다. 정말 무리하지 않으면 사교육은 불가능하다.

자기소개서와 심층 면접이 관건

"무슨 음식을 만들지 계획하고 재료를 구해서 상을 차릴 수 있는 사람을 원합니다. 차려진 밥상에 숟가락만 얹는 학생은 필요 없습니다." 이문호 하나고 교무부장이 말하는 하나고의 인재상이다.

스스로 결정하고 혼자서 학습할 수 있는 힘, 이게 핵심이다. 상위 1퍼센트 이내의 내신 성적이나 숱한 교내 대회 수상 실적이 있어도 이런 점이 부족하다면 하나고 학생이 되기 어렵다. 부모가 짜준 사교육 스케줄을 잘 따라 해서 우수한 성적을 내는 학생은 가급적 뽑지 않기 때문이다. 이 부장은 "학교 눈을 피해 용케 입학해도 적응하는 데 어려움을 겪는다"며 "부모 도움 없이 '모든 걸 네가 알아서 하라'고 하면 혼란을 느낄 수밖에 없지 않느냐"고 말했다. 그는 또 "3년 동안 모든 학생이 기숙사 생활을 하기 때문에 더 이상 사교육에 기대는 게 불가능하다"며 "결국 자기주도학습 능력이 있는 학생만 하나고에서 살아남을 수 있다"고 덧붙였다.

이 부장은 "강남·서초·송파구 출신 합격률이 높지 않은 것도 이런 이유 때문"이라고 설명했다. 물론 가장 큰 영향을 미치는 건 지역 제한 규정이다. 하나고는 강남 3구 지역에서 신입생 전체 정원의 20퍼센트인 40명을 넘게 뽑지 못하게 돼 있다. 이 때문에 특정 지역 학생을 역차별한다고 비난을 받았다. 이 부장은 "실제로 합격생 중

지역 제한에 걸려 불합격한 사례는 거의 없었다"고 말했다.

학교는 총 2단계에 걸쳐 자기주도학습 능력을 포함한 학생들의 역량을 평가한다. 정원 2배수(400명)를 선발하는 1단계는 내신 성적(40점)과 출결(감점)이고, 2단계는 자기소개서·추천서(30점) 등 서류 평가와 심층 면접(30점), 체력 검사다.

우수한 내신 성적은 기본 중의 기본이다. 강남 학원가에서는 '상위 1~2퍼센트 내에 들어야 하나고 합격이 가능하다'고 알려져 있지만, 이는 사실과 다르다. 합격자의 내신 성적 평균은 4~5퍼센트 정도. 상위 10퍼센트 선이었는데 합격한 학생도 있다. 내신이 낮을수록 자기소개서가 중요하다. 이 부장은 "가까스로 1차에 합격한 후 차별화한 스토리로 면접을 잘 봐서 합격한 사례가 있다"며 "충분히 '뒤집기'가 가능하다"고 말했다.

자기소개서는 구체적이고 진실하게 써야 한다. "지원 동기, 학업 계획, 자기주도학습 과정 등의 내용을 보면 지원자의 15년 인생을 알 수 있다"고 한다. 학생이 사실을 썼는지 확인하는 방법은 간단하다. 각 문항의 맥락을 파악하면 된다. 예컨대 "영어 원서를 읽으면서 영어 학습에 흥미를 느꼈다"고 기술한 학생의 영어 내신 성적이 형편없으면 평가자들은 진정성이 부족하다고 평가한다.

서류 전형 통과 후 진행하는 심층 면접은 전문 면접과 인성 면접으로 나뉜다. 전문 면접은 자기소개서의 사실 여부를 확인하는 과정이다. 3명의 면접관이 15분 동안 학생에게 자기소개서 각 문항에 대한 질문을 던진다. 만약 학생이 수학 '대수'에 대해 공부하고 있다고 썼으면, 책의 종류와 학업 성과에 대해 물어본다. 이때 제대로 대답을 못하면 감점을 받는다.

인성 면접에서는 학생의 공동체 생활 적응 능력을 평가한다. 보통 4명이 1조가 돼서 한 가지 주제에 대해 20분간 난상토론을 펼친다. 2013학년도에 나왔던 질문 중 하나는 "기숙사에서 같은 방을 쓰는 친구와 문제가 생겼을 때 어떻게 해결하는 것이 좋은가?"였다. 다른 사람과 문제가 생겼을 때 대처법을 통해 학생의 성품을 엿보겠다는 의도가 담긴 질문이었다.

해마다 전형 방법은 바뀌고 있고 2015학년도부터는 성취평가제로 인해 면접 요소가 강화될 전망이다. 올해는 하나고 교사 위원 2인과 교육청 위촉 위원 1인으로 구성된 총 세 명의 심사위원이 1:3 면접을 보고, 학생 한 명당 5분간 면접이 진행될 예정이다. 또 체력 검사에서는 윗몸일으키기와 오래달리기 두 가지를 보는데, 이로 인해 탈락한 학생은 거의 없다.

하나고 이모저모 02

하나인만의 1인 2기 과목

분야	종류
예술	(음악) 가야금, 거문고, 대금, 드럼, 바이올린, 밴드, 베이스기타, 비올라, 사물놀이, 색소폰, 실용재즈, 피아노, 오보에, 오케스트라 바이올린, 오케스트라 플루트 통합, 일렉트릭 기타, 첼로, 클라리넷, 클래식기타, 클래식피아노, 타악기, 통기타, 트럼펫, 플루트, 해금
	(미술) 금속공예, 그래픽디자인, 사진, 서양화, 서양화 북아트, 서예동양화, 판화
체육	검도, 국궁, 농구, 방송 댄스, 배드민턴, 복싱·헬스, 요가, 인라인스케이트, 축구, 탁구, 필라테스

하나고 이모저모 03

하루를 이렇게 보내요

● 주중

시간	일과
6:40~7:00	아침점호
7:00~8:00	아침 식사, 등교 준비
8:00~8:15	아침 명상
8:20~9:10	1교시
9:20~10:10	2교시
10:20~11:10	3교시
11:20~12:10	4교시
12:10~13:00	점심 식사
13:10~14:00	5교시

시간	일과
14:10~15:00	6교시
15:10~16:00	7교시
16:20~17:50	1인 2기 체육: 월·금, 예술: 화·목, 동아리: 수
17:50~19:00	저녁 식사
19:00~21:00	자율학습, 방과 후 수업
21:00~21:30	간식 시간
21:30~23:30	자율학습
23:30~0:30	취침 준비
0:30~1:20	야간 학습(소등 후)

● 주말

시간	일과	
6:40~12:00	자유 시간	토: 진학 지도, 체험 활동, CA 일: 종교 활동
12:00~13:00	점심 식사	
13:00~13:30	자유 시간	
13:30~15:30	자율학습	주말 방과 후 수업
15:30~16:00	쉬는 시간	
16:00~18:00	자율학습	
18:00~19:00	저녁 시간	
19:00~21:00	자율학습	
21:00~21:30	간식 시간	
21:30~1:30	자율학습	

현 대 청 운 고
정 주 영 의 철 학 ,
불굴의 도전정신을 계승하다

2013학년도 대학 입시 결과가 발표되자 현대청운고는 그야말로 잔칫집 분위기였다. 3학년 161명 가운데 서울대 35명을 비롯해 연세대 26명, 고려대 17명, 카이스트 6명 등 명문대에 줄줄이 합격했기 때문이다. 전국 의·치·한의학 계열 합격생만도 65명(중복 합격자 포함)이었다. 중학생 사이에서 "의대 가려면 현대청운고에 가야 한다"는 말이 돌 정도였다. 대입 강세 덕분에 입시 경쟁률은 더 치열해졌다. 180명 모집에 434명이 지원해 2.41대 1의 경쟁률을 보였다. 2012학년도엔 1.81대 1이었다. 울산에 있는 데다 전교생이 540명밖에 안 되는 작은 학교가 짧은 기간에 명문고로 도약한 비결은 뭘까. 박규일 교장은 "교사에게는 치열한 경쟁을, 학생에게는 봉사와 나눔을 강조한 덕분"이라는 모범 답안을 내놨다.

"

현대청운고의 방과 후 수업은 학원 식으로 운영된다. 교사가 자기 이름을 내걸고 방과 후 수업 계획을 올리면 학생들이 자신이 선호하는 반에 수강 신청을 하는 방식이다. 등록이 저조하면 폐강되고 인기를 끈 반만 수업이 진행된다. 이렇게 교사들 간에 경쟁을 유도하는 시스템 때문에 교사들은 수업 준비를 게을리할 수 없다.

현대청운고는 "인성을 갖춘 착한 엘리트를 양성하겠다"는 교육철학에 따라 학업뿐만 아니라 협업과 봉사에도 많은 신경을 쓴다. 공부를 할 때도 모둠을 지어 서로 부족한 부분을 채워주는 멘토링 프로그램이 활성화돼 있다. 학생들은 주변 중학교 후배들을 위해 일일교사로 나서기도 하고, 충북 음성 꽃동네에 2박 3일씩 머물며 봉사하기도 한다.

"

교사들을 긴장시키는 학생들의 열의

'딩동댕.'

수업 마치는 종소리가 울리자 반 학생 20여 명이 우르르 몰려나가 수학 교사를 에워쌌다.

"선생님, 아까 그 문제는 함수 그래프 말고 도형 원리를 적용해도 답이 나오지 않나요?"

"아까 설명한 공식이 도출되는 원리가 이해가 안 돼요."

학생들은 수업 시간에 완벽하게 풀리지 않은 궁금증을 앞다퉈 쏟아냈다. 교사는 그 자리에서 답하거나, 학생이 제시한 새로운 풀이 방법을 노트에 메모하며 "이따 3교시 끝나고 교무실로 와서 다시 얘기하자"고 말했다.

다음 수업 시작을 알리는 종이 울려도 학생들의 질문 공세는 쉽게 그치지 않았다. 다음 수업 교사가 교실 문밖에 서 있는 모습을 보고서야 질문을 멈추고 제자리에 돌아가 앉았다.

현대청운고에서는 쉬는 시간마다 이런 풍경이 벌어진다. 학생에게 둘러싸인 교사가 설명을 이어가는 모습을 보면 수업 시간인지, 쉬는 시간인지 분간이 안 될 정도다.

2학년 장모 군은 "지난해 막 입학했을 때 이런 열정적인 학습 분위기를 보고 엄청 놀랐다"고 말했다. 그는 "수업 시간에 자는 애는 찾아볼 수 없고 선생님이 뭐 하나 설명하면 그 과목 잘하는 친구가 '이런 방법도 있지 않냐'고 다른 아이디어를 낸다"며 "그럼 반 전체가 그 친구 아이디어를 증명하는 걸로 수업 분위기가 바뀐다"고 했다. 그러고는 이렇게 덧붙였다. "한마디로 지루할 틈이 없죠."

교사들은 "아이들 열의를 충족시켜주려면 수업 준비를 게을리할 수 없다"고 말한다.

24년 경력의 박태환 국어 교사는 "아직도 수업 들어가기 전 긴장이 된다"고 말했다. 그는 "머리 좋은 애들이라 교사가 한두 번 답을 못하면 '저 선생은 실력 없구나'라고 낙인찍고 더 이상 질문도 안 한다"며 "그게 제일 무섭다"고 했다.

학원 단과반처럼
운영되는
방과 후 시스템

●   학교 시스템도 교사의 무한 경쟁을 부추긴다. 교사의
수업이 얼마나 충실하고 학생을 만족시키는지를 평가하는 지표는
'방과 후 수업'이다. 박 교장은 "우리 학교 방과 후 수업은 학원 식"
이라며 "교사들이 '단과반'을 하나씩 개설한다"고 설명했다.

교사가 자기 이름을 내걸고 방과 후 수업 계획을 올리면 학생은
자신이 선호하는 반에 수강 신청을 하는 방식이다. 등록이 지조하
면 폐강되고 인기를 끈 반만 수업이 진행된다. 교사들은 "방과 후
수업 등록 현황은 교사 자존심과 관련한 문제라 민감할 수밖에 없
다"고 입을 모은다. 박 교장은 "전교생이 기숙사 생활을 하고 있어
학원이나 과외 등 사교육의 도움을 받을 수 없는 상황이라 학생들
이 교사의 실력을 훨씬 날카롭게 평가한다"고 전했다.

▌ 2학년 학생들이 화학 과목을 T&L로 공부하고 있다. T&L은 동급생 4~5명이 모여 각자 자신이 잘하는 과목에 대해 수업을 해주고 질문에도 답해주는 품앗이식 학습 방식이다.(위) ▌ 학생들이 국제화 교육을 받고 있다.(아래)

　이런 학교 분위기 때문인지 현대청운고 교무실은 흡사 독서실 같다. 문용일 교감은 "대다수 교사들이 수업 교재를 직접 만들어 사용하고, 밤늦도록 그룹 스터디까지 해가며 엄청나게 노력한다"고 말했다.

인성을
갖춘
엘리트 양성

●   그렇다고 현대청운고가 성적에만 신경 쓰는 이기적인 공붓벌레를 양산하는 곳이라 생각하면 오산이다. 학교 측은 학업만큼이나 협업과 봉사에 신경 쓴다. 공부를 할 때도 모둠을 지어 서로 부족한 부분을 채워주는 멘토링 프로그램이 활성화돼 있다. 학생들은 주변 중학교 후배들을 위해 일일교사로 나서기도 한다. 또 지원자에 한해 1년에 한 차례씩 충북 음성 꽃동네에 2박 3일씩 미물며 봉사한다. 공부할 시간도 모자란 고등학생들에게 협업과 봉사를 강조하는 이유는 "인성을 갖춘 착한 엘리트를 양성하겠다"는 현대청운고의 교육철학 때문이다.

박 교장은 "지적 역량이 뛰어난 학생이 인성교육을 제대로 받지 못하면 지역사회나 국가 전체에 악영향을 미칠 수 있다"며 "학생들에게 '공부는 나중으로 미뤄도 좋지만 봉사할 기회가 생기면 미루지 말고 바로 하라'고 조언한다"고 말했다.

이런 교육철학 덕분인지 현대청운고 학생들은 기부에도 적극적이다. 올 2월 1·2학년 358명이 기아 체험에 참여해 한 끼 식사를 포기한 돈 5000원씩을 모아 총 179만 원을 월드비전에 기부했다. 또 시조창반 학생들은 '전국 정가 경창 대회'에 출전해 금상을 수상한 뒤 상금 전액을 사회복지공동모금회에 전달했다. 시조창반으로 활동 중인 3학년 최희원 양은 "1학년 때부터 여러 가지 봉사 활동을 하면서 주변에 어려운 사람이 많다는 걸 직접 보게 되니까 자연스럽게 기부로 이어진다"고 말했다.

예체능 수업도 매우 전문적이다. 우선 전교생이 검도를 배운다. 박 교장은 "1학년을 마칠 때쯤이면 남학생 대부분이 초단을 딸 정도로 실력이 는다"고 말했다. 또 음악과 미술 수업 중 한 과목만 선택해 집중적으로 교육을 받는다.

남다른 교육철학과 다양하게 잘 짜인 프로그램 덕분에 학생들 모두 학교에 대한 자부심이 크다. 최 양은 "대학 수시 모집을 위해 자기소개서를 작성하다 보니 지난 3년간 학교에서 정말 다양한 체험을 했다는 게 실감이 났다"고 말했다. 그는 자기소개서에 이렇게 썼다.

"서울에서 여러 사교육을 받은 학생들에 비해 스펙은 부족할지 모르겠습니다. 하지만 현대청운고에서 뛰어난 친구들과 함께 경쟁하고 서로 도우며 공부한 것, 봉사 활동을 통해 느낀 것들은 너무나

▍현대청운고는 학생들에게 공부 외에도 다양한 체험학습 기회를 제공한다. 사진은 검도 수련, 충북 음성 꽃동네 봉사활동, 사교 댄스, EBS 〈장학퀴즈〉에 출전해 5승을 거둔 현대청운고 '청운의 꿈' 팀.(왼쪽 위부터 시계 방향)

소중한 추억입니다. 내 인생에 다시 돌아오지 않을 고교 시절을 후회 없이 보낼 수 있게 여러 기회를 열어준 학교가 자랑스럽습니다."

나눔과 배려를 강조하는 공동체 문화

Q 현대청운고만의 특별한 수업 방식이 있다는데?

우리 학교는 나눔과 배려를 강조한다. 생활 속에서 나눔을 실천할 수 있는 다양한 프로그램이 있는데, 대표적인 게 T&L^{Teaching and Learning}과 PTP^{Peer Tutoring Program}다. PTP는 선배 한 명이 후배 4~5명을 가르치는 것이고, T&L은 학생 4~5명이 돌아가며 서로 가르치고 배우는 거다. 자신이 잘하는 과목은 남에게 가르치고 내가 약한 과목은 친구에게 배우면서 같이 성장할 수 있다.

Q 공부를 같이 하면 시간을 더 뺏기지 않나?

1학년 때는 번거롭고 귀찮았다. 차라리 교무실에 가서 선생님한테 물어보는 게 낫지 않을까 싶기도 했다. 그런데 막상 선배나 친구에게 배우다 보니 학습 내용뿐 아니라 공부 노하우까지 같이 얻을 수 있었다. 1학년 때 물리를 못했는데 2학년 선배와 PTP를 하면서 필기 요령도 배우고, 선배가 공식을 이해하고 터득하는 패턴도 엿볼 수 있었다. 지금은 내가 후배들과 물리 PTP를 하고 있다.

Q 전교생이 기숙사 생활을 하고 있다. 힘든 점은?

워낙 공부 잘하는 친구들이 모여 있다 보니 성적 때문에 순간순간 지나치게 예민해진다. 공부가 잘 안 되는 날은 '지금 친구들은 다 공부하고 있을 텐데'라는 불안감 때문에 힘들다. 특히 1학년 2학기 때 불안감이 극에 달했다. 내 공부 리듬을 잃어버리고는, 잠을 줄이고 쉬는 시간에도 책만 보면서 무리하는 바람에 성적이 더 떨어졌다. 가족의 위로가 간절했다.

Q 힘든 순간을 어떻게 극복했나?

1학년 때 성적 부침을 몇 차례 겪으며 서너 번 울고 좌절하면서 깨달은 게 있다. 공부는 내가 중심을 잡아야지, 나를 놓치면 다 끝이라는 것이다. 친구가 어떤 문제집을 푸는지, 성적이 올랐는지 궁금하지만 일부러 그런 것은 보지 않고 나에게만 집중하려 애썼다. 그러다 보니 성적이 궤도에 올랐다.

Q 성적 스트레스가 그렇게 심한데 동아리 활동을 할 짬이 나나?

동아리가 많다. 학술 동아리, 봉사 동아리뿐 아니라 밴드부나 체육 관련 동아리도 있다. 학생 한 명당 서너 개씩은 기본으로 하는 것 같다. 정규 수업 시간에도 음악과 미술 중 하나를 택해 집중적으로 활동한다. 난 음악을 택해 시조창반으로 활동하면서 대회에도 많이 나갔다.

Q 현대청운고에 진학한 특별한 이유라도 있는지?

우리 학교에 대한 자부심이 남다르다. 단지 공부 잘하는 학교가 아니라 남다른 철학이 있다. 지방 도시에 있지만 세계도 품을 수 있는 큰 꿈과 비전을 일깨워준다. 작년 여름방학에는 학교에서 운영하는 GLS라는 프로그램을 통해 미국 포틀랜드 대학에 21일간 해외 문화 체험을 다녀오기도 했다. 미국 대학에서 수업도 듣고 문화 체험도 하면서 글로벌 리더가 되겠다는 꿈을 더 확고히 할 수 있었다.

Q 현대청운고에 진학하려는 후배에게 당부하고 싶은 말은?

공부하려는 의지가 강한 학생들이 모인 곳이다. 급식 먹으려고 줄 서 있을 때 한 명도 빠짐없이 단어장 꺼내 외우고 있다. 수업 끝난 후 선생님이 질문하는 학생들에게 둘러싸여 교무실에 못 갈 정도다. 정말 열심히, 재미있게 공부하고 싶은 학생만 오라고 말하고 싶다.

학업에 대한 끊임없는 열정, 꿈과 끼를 가지고 배려와 나눔을 실천할 수 있는 학생

"우리 학교는 설립자 고故 정주영 현대그룹 회장의 근검과 친애, 창의와 도전정신을 건학 이념으로 설정하고, 국가와 세계를 주도적으로 이끌어나갈 바른 인성과 뛰어난 능력을 갖춘 인재 육성을 설립 목적으로 하고 있습니다."

조진현 현대청운고 입학관리부장의 설명이다. 2015학년도 현대청운고 입시의 1단계는 '내신 성적(교과성적)−출결(감점)'로 되어 있다. 2015학년도 서울 이외 지역 자율형사립고와 같은 전형 절차를 따른다.

내신 성적 반영 과목과 학년, 내신과 면접의 반영 비율은 교육청의 승인을 받아 학교에서 자율로 결정하되, 내신 성적은 원점수, 과목 평균(표준편차)을 제외한 성취도 수준을 활용한다.

1단계 성적은 1학년 2학기부터 3학년 1학기까지(4학기) 국어, 영어, 수학, 사회(역사), 과학을 중심으로 기술 · 가정, 도덕, 선택과목(일본어, 중국어, 한문 등), 체육 · 예술 과목까지 학기별 비율, 과목별 비율에 따라 산출한다. 성취도 점수 적용으로 인하여 1단계 선발인원은 2014학년도 1.5배보다 많은 2배수 내외로 하여 현대청운고가 필요로 하는 인재상을 찾으려 한다.

다만 1단계 전형에서 최저 합격선 동점자가 발생하여 선발 인원의 2배수를 지나치게 초과하지 않는 경우에는 입학전형위원회에서 2단계 면접 대상자 여부를 결정하고, 2배수를 지나치게 초과하는 경우에는 1단계 동점자 최저 합격선 처리 순서 (1)~(9)에 따른다.(자세한 내용은 2015학년도 전형 요강 참조)

조 부장은 최근 "'한 교과목에 B가 한 개 있는데 1단계를 통과할 수 있을까요?'라는 질문을 가장 많이 받는다"며, "많은 학생이 중학교 3학년 1학기에는 주요 교과목뿐만 아니라 전체 교과목에서 A를 받지만, 반영 학기를 늘였을 때(3학기에서 4학기 또는 5학기)는 주요 교과목에서 B 이하를 받은 학생들도 있는 것으로 알고 있다. 그 외 교과목을 포함하면 그 수는 더 증가할 것으로 보이고, 경쟁률이 얼마냐에 따라 달라지기 때문에 답하기 어렵다"고 말했다.

1단계 합격자는 현대청운고 홈페이지(www.hcu.hs.kr)를 통해 자기소개서, 교사추천서를 온라인으로 제출한 뒤 2단계 면접시험을 치른다. 2단계 면접은 자기소개서, 교사추천서, 학교생활기록부를 기반으로 실시한다. 자기소개서와 교사추천서에는 지원자의 스토리를 담는 것이 중요하며, 작성 시 배제해야 할 사항은 반드시 지켜야 한다.

2014학년도에는 면접 시간이 학생 1명당 25분이었다. 면접위원은 15명으로 자기주도학습 영역, 독서 영역, 인성 영역, 잠재능력 영역으로 나누어 면접을 실시했다.

2015학년도에는 개인별 질의 문항, 공통 문항으로 나누어 면접을 진행할 예정이다. 하지만 2015학년도에는 지원자별 1단계 성적 차가 크지 않을 것으로 예상되기 때문에 면접의 비중이 상대적으로 매우 높아질 것으로 보인다. 조 부장은 "면접의 핵심은 학교의 인재상에 부합하는 능력을 지니고 있는지를 판별하는 것이기 때문에 최선을 다해 면접관의 마음에 들 수 있도록 해야 할 것"이라고 조언했다.

끝으로 조 부장은 "학생 전원이 기숙사 생활을 하는 만큼 본인의 의지가 아니라 타의로 입학한 학생은 적응하는 데 어려움이 발생할 수도 있다"고 했다. 또한 "단순히 의대나 서울대에 가겠다는 생각만으로 지원한 학생들도 때때로 슬럼프에 빠질 수 있다"며 "현대청운고만의 철학을 이해하고 학업에 대한 끊임없는 열정과 애정을 가져야 한다"고 덧붙였다.

현대청운고
이모저모
02

하루를 이렇게 보내요

시간	일과
6:00	기상 및 아침 식사(오전 6시~7시 20분까지 가능)
7:00	등교(기숙사 문 닫음)
07:30~08:00	영어 듣기 시간
08:30~12:20	오진 수입
12:20~13:20	점심 식사
13:20~18:30	오후 수업
18:30~19:30	저녁 식사
19:30~23:00	자습
23:00~23:30	기숙사 점호 후 취침
23:30~01:00	원하면 자습 가능
1:00	소등

북 일 고 　 국 제 과
졸 업 생 　 전 원
해 외 명 문 대 학 으 로

천안 북일고는 비평준화 지역 충남의 명문고로, 지난 2010년 자사고로 전환했다. 학생 선발 범위를 전국으로 확대하면서 국내 대학을 목표로 하는 일반계 과정 외에 한 학년 30명 정원의 국제 과정을 신설했다. 외국 명문 사립학교에 버금가는 교육을 시킨 후 해외 대학에 진학시키겠다는 계획을 세운 것이다. 그렇게 입학한 국제 과정 학생 25명이 2013년 2월 처음 졸업했다. 이들은 전원 해외 대학에 진학했다. 지역 명문에 머물지 않고 글로벌 명문 학교로 발돋움하고 있는 것이다.

　　북일고는 2010년 자사고로 전환하면서 '제2의 개교'를 선언했다. 일반계 과정 외에 해외 명문대에 학생을 진학시키기 위한 국제과를 신설했다. 국어와 국사, 음악·미술·체육을 제외한 전 과목을 외국인 교사가 담당한다. 이를 위해 박사학위 소지자 3명을 비롯해 석사 9명, 국제변호사 1명 등 명문대 출신의 외국인 교사 16명을 초빙했다.

　　2013년 2월 첫 배출된 국제과 졸업생 25명 전원이 해외 대학에 진학했으며, 예일·코넬·다트머스대 등 아이비리그와 스탠퍼드·듀크·노스웨스턴·UC버클리·뉴욕·존스홉킨스대 등 미국 유수 대학에 복수 합격했다.

　　북일고가 국제반만 신경 쓰는 건 아니다. 일반계열 1학년 학생의 학업 수준은 전국 모의고사 1, 2등급 비율이 60퍼센트에 달할 만큼 높다. 특히 수학은 1, 2등급 비율이 70퍼센트에 달한다. 북일고는 2012년 교육부가 실시한 자사고 특성화 프로그램 운영계획 심사에서 최우수 학교로 선정됐다. 국내에선 처음으로 진로 맞춤형 교육과정을 선보인 덕분이다.

전 과목을
외국인 교사가 담당하는
미 명문 사립학교식 교육

충남 천안시 동남구 북일고 교정. 본관을 지나 2층짜리 아담한 건물인 서미트 홀Summit Hall에 들어서자 여기저기서 유창한 영어가 들려왔다. 서미트 홀은 이 학교 국제과 학생들이 공부하는 곳이다. 1층 세미나실에선 학생 5명이 둘러앉아 두꺼운 영어 원서를 뒤적이며 토론하고 있었다(물론 영어로). 맞은편 컴퓨터라운지에서 만난 한 학생은 영어 에세이를 쓰고 있었다. 또 다른 학생은 "미국 문학 수업 준비를 해야 한다"며 미국 현대 소설을 원서로 읽고 있었다. 2층 교실로 올라가자 둥근 원탁에 둘러앉은 학생 8~9명이 원어민 교사에게 끊임없이 질문을 던졌다. 그런 모습을 보고 있노라니 마치 미국 동부의 어느 사립학교에 와 있는 듯한 착각이 들었다.

북일고는 1976년 한화그룹 창업주인 고故 김종희 회장이 설립했다. 개교 이래 서울대(352명)·연세대(359명)·고려대(630명) 등 상위권 대학에 졸업생을 꾸준히 진학시키며 지역 명문 입지를 굳혔다. 한화의 지원 덕분에 대학 캠퍼스 못지않은 33만 578m²(10만여 평)의 교정과 852명을 수용할 수 있는 기숙사, 고교 최고 수준의 전용 야구장, 첨단 실험 장비를 갖춘 과학실험실 등 뛰어난 시설을 자랑한다.

2010년 자사고로 전환하면서 '제2의 개교'를 선언했다. 일반계 과정 외에 해외 명문대에 학생을 진학시키기 위한 국제과를 신설했다. 이 학교 국제과는 원어민 교사가 몇 명밖에 되지 않는 일부 학교의 국제반과는 성격이 완전히 다르다.

국어와 국사, 음악·미술·체육을 제외한 전 과목을 외국인 교사가 담당한다. 이를 위해 외국인 교사 16명을 초빙했다. 박사학위 소지자 3명을 비롯해 석사 9명, 국제변호사 1명 등으로, 예일·하버드·MIT 등 명문대 출신이 많다. 이 교사들이 미국 칼리지보드(미 대학입학자격시험인 SAT를 주관하는 민간기관)가 승인한 AP(대학학점 선이수제) 교과과정 20개도 가르치고 있다. 학교 관계자는 "외국인 교사에게 아파트 한 채씩 제공한 것을 제외하고도 이들에게 들어가는 비용이 연간 15억 원"이라고 말했다. 몸값 비싼 수준 높은 교사가 수업을 이끌고 있다는 얘기다.

피승호 국제과 디렉터는 "한화 김승연 회장이 국내에서도 저렴한 비용으로 글로벌 수준의 교육을 제공하자는 아이디어를 낸 뒤

▌북일고 재단은 지난 2년간 250억 원을 투자해 기숙사와 별관동을 증축했다. ▌북일고 국제과에서는 국어와 국사, 음악, 미술, 체육을 제외한 전 과목을 외국인 교사가 담당한다. 북일고 국제과 건물인 서미트 홀 2층 교실에서 학생들이 외국인 수학 교사로부터 강의를 듣고 있다. ▌영어로 진행되는 수업에서 학생들은 보통 8~9명이 참여해 외국인 교사와 토론을 한다.(왼쪽 위부터 시계 방향)

각국 명문고를 돌아다니며 벤치마킹을 했다"며 "때마침 교육과정을 자율적으로 운영할 수 있는 자사고가 생겨나던 때여서 우리 학교만의 독특한 프로그램을 시작할 수 있었다"고 소개했다.

졸업생 **전원**
예일 등
미 **명문대 진학**

● 　　국제과를 시작하면서 북일고 측은 학생을 위한 6가지
목표를 세웠다. 시험 영어가 아니라 실제 학습에 필요한 영어 능력,
토론 능력, 프레젠테이션 기법, 연구 노하우, 비판적 사고를 할 수
있는 능력, 다양하고 이질적인 문화에 대한 수용성을 키워주겠다는
목표다. 피승호 디렉터는 "국제과는 글로벌 경쟁력을 갖춘 인재를
길러내기 위한 프로그램"이라며 "외국 대학 진학 후 전 세계 학생들
과의 경쟁에서 뒤처지지 않도록 꼭 필요한 사항을 교육 목표에 넣
었다"고 설명했다.

　외국인 교사들은 한두 개 과목을 맡아 지속적으로 토론을 시키며
프레젠테이션 과제와 연구 과제를 쏟아낸다. 이런 수행평가 비중이
70퍼센트 이상이다. 북일고 측은 국제과 학생들이 자기 관리 역량

을 키울 수 있도록 돕는 데도 집중한다. 이 역시 해외 대학 진학 후 성과를 내기 위해 꼭 필요한 항목이기 때문이다. 피 디렉터는 "정규 수업이 끝나면 클럽 활동을 하건 과제를 하건 스스로 결정한다"며 "매일 3시간 30분 분량의 과제가 나가기 때문에 시간관리가 중요하다"고 말했다. 멘토 교사와 선배 멘토, 담임과 상담교사가 시간 관리법을 조언해준다.

2013년도에 첫 배출된 국제과 졸업생 25명 전원이 해외 대학에 진학했다. 예일·코넬·다트머스대 등 아이비리그와 스탠퍼드·듀크·노스웨스턴·UC버클리·뉴욕·존스홉킨스대 등 미국 유수 대학에 복수 합격했다. 2011년 국제과 학생들의 AP시험 평균 점수는 4.4점(5점 만점)으로, 외부 사교육 없이 학교에서 배운 것만으로 이런 결과를 냈다. 미국 대학수학능력시험인 SAT시험 평균 역시 리딩 750점, 수학 780점, 쓰기 730점(각 800점 만점)으로 높았다. 2학년 때 이 학교를 조기 졸업하고 미국 세인트루이스 워싱턴대 Washington University in St. Louis 3학년에 재학 중인 이모 군은 "미국 대학에 와보니 에세이 쓸 일이 굉장히 많다"며 "국제과에서 거의 매일 했던 일이라 큰 어려움이 없다"고 말했다. 의과 대학원 진학을 목표로 하고 있는 그는 "미국 대학은 '한국 학생은 무조건 외우는 훈련만 한다'는 선입견을 갖고 있더라"며 "하지만 북일고 국제과에선 학생들이 스스로 공부하고 에세이를 쓰도록 일깨워준다"고 덧붙였다.

공부만 잘하는 학생이 **아니라**
다양한 자질 갖춘
학생 선발

그렇다면 북일고는 어떤 학생을 선발할까. 학교 측은 공부만 잘하는 학생이 아니라 다양한 자질을 갖춘 학생을 뽑는다고 설명했다. 해외 대학을 선택할 때도 무조건 명문대만 추천하지 않는다고 한다. 피승호 국제과 디렉터는 "아이비리그만을 목표로 하지 않는다"며 "아이들이 원하는 전공을 파악해 그 분야에서 두각을 나타내는 전 세계 명문 대학의 정보를 제공한다"고 말했다.

아들이 국제과 2학년에 다니는 학부모 김모 씨는 "1년에 수천만 원을 내는 국제학교나 외국인 학교가 아니라 일반 자사고 학비만 내고 고학력 외국인 교사에게 수업을 받을 수 있는 곳은 한국에서 북일고 국제과가 유일할 것"이라고 말했다. 국제과 3학년 자녀를 둔 학부모 신모 씨도 "국내 학교 정규교육만 받고 해외 명문대에 진학할 수 있다는 점이 매력적이다"며 "소수의 학생이 기숙사 생활을 함께 하기 때문에 우정도 끈끈하다"고 전했다.

국제과는 교사와 2학년 학생이 한 조를 이뤄 학생이 관심 있어 하는 분야의 주제를 정한 뒤 꾸준히 연구해 논문을 발표하는 DRP Directed Research Program도 운영한다. 2학년 장모 군은 "DRP를 해야 졸업할 수 있기 때문에 사실상 졸업논문"이라며 "정규 수업이 끝나면 놀 수도 있지만 DRP 같은 장기 프로젝트와 과목별 과제, 에세이 등이 있어 시간 관리를 철저히 하지 않으면 안 된다"고 했다.

아이비리그 수준의 학부 중심 대학인 미국 웨슬리대 입학사정관이 북일고 국제과를 방문한 뒤 "DRP는 학생 스스로 길을 찾고 열정을 보이는 인상 깊은 프로그램"이라며 극찬했다고 한다.

외국 대학에 가고 싶다고 무조건 이 과정에 입학하는 게 꼭 좋지만은 않다. 수업 수준이 높아 웬만한 영어 실력으로는 감당하기 벅차기 때문이다. 학교 관계자는 "입학 전 상담하러 오는 학부모들이 많지만 실제 경쟁률은 1.3:1 정도"라며 "수업 수준과 매일 해야 하는 영어 과제 등에 대해 설명하면 힘들겠다는 판단을 하는 것 같다"고 말했다. 영어 실력 때문에 중도 하차한 학생도 있다.

국제과뿐 아니라
일반 계열도
수준 높은 교육

북일고가 국제반만 신경 쓰는 건 아니다. 이 학교 일반계 과정의 교사 대 학생 비율은 1:12.7로, 일반고 전국 평균 1:15.1에 비해 낮다. 강익수 교장은 "앞으로 계속 교사를 충원해 교사 한 명이 학생 10명을 지도하도록 할 계획"이라며 "교사에게 행정 업무를 맡기지 않고 수업 시간 부담도 낮춰줘 수업의 질을 높이겠다"고 말했다. 이 학교 교사의 연령은 평균 40세로 젊은 편이다. 20~30대 교사가 45퍼센트를 차지한다.

북일고는 2012년 교육부가 실시한 자사고 특성화 프로그램 운영 계획 심사에서 최우수 학교로 선정됐다. 국내에선 처음으로 진로 맞춤형 교육과정을 선보인 덕분이다. 학생들이 희망하는 진로에 따라 정규 과목은 물론이고 방과 후 학교, 동아리 활동까지 3년간 어떻게 학습할 것인지 계획을 세워준다.

천안 외 지역에서 온 학생은 전원 기숙사 생활을 한다. 전교생의 85퍼센트가 기숙사를 이용 중이다. 일반 계열 1학년 배모 군은 "기숙사에서 생활하면 한 달에 한 번만 집에 다녀올 수 있어 처음에는 낯설었다"며 "하지만 오후 6시 이후 과제 연구를 하거나 진로 관련 동아리 활동에 참여할 수 있어 시간 가는 줄 모르고 지낸다"고 말했다.

북일고는 학생들이 원하면 주문형으로 수업을 개설해준다. 주문형 수업은 10~15명이 정원으로, 아이들끼리 인원을 모아 원하는 강좌를 해당 교사에게 신청해 듣는 방식이다. 일반 계열 권오웅 입학홍보부장은 "교과와 관련된 강좌뿐 아니라 영어인증시험·한국사능력검정시험·자기소개서 작성 등 56개 주문형 강좌가 개설되어 있다"고 소개했다. 일반 계열 2학년 김도연 군은 "마음 맞는 친구 10명이 모여 수업 준비를 철저히 하는 선생님이나 특별한 수업 방식으로 인기 있는 선생님을 찾아가 수업을 신청해 듣는다"며 "그룹 과외 형식이어서 집중도 잘되고 부족한 과목을 배우기 때문에 큰 도움이 된다"고 설명했다. 김 군은 학기 중에는 토요일마다 1시간 30분씩 영어 구문 독해 수업을 듣고 방학에는 매일 1시간 30분씩 논술 수업을 듣는다.

일반 계열 1학년 학생의 학업 수준은 전국 모의고사 1, 2등급 비율이 60퍼센트에 달할 만큼 높다. 특히 수학은 1, 2등급 비율이 70퍼센트에 달한다. 2013학년도 2월 일반계 졸업생의 진학 실적은 SKY(서울·고려·연세대) 50명, 의·치·한의대 19명, 과학기술특성화대(KAIST, POSTECH 등) 11명 등이다. 권오웅 입학홍보부장은

■ 북일고 일반계열 학생들은 음악·미술 한 가지, 체육 한 가지를 의무적으로 익혀야 한다.(위) ■ 북일고 일반 계열 학생들이 과제 연구를 신행하고 있다.(아래)

"전국 단위로 모집한 학생들이라서 학업 수준이 높다"며 "영어와 수학 과목은 정규 수업과 방과 후 수업 모두 수준별 이동수업을 진행하고 있다"고 했다.

북일고의 재단 지원금은 전국 단위 10개 자사고 중 가장 높은 연간 56억 원(2014년 기준)이다. 이 학교 1년 예산의 35퍼센트에 해당하는 금액으로, 재학생들이 1인당 1450만 원의 교육 혜택을 받는 셈이라고 학교 측은 밝혔다. 재학생이 부담하는 비용은 기숙사비와 식비, 방과 후 수업비, 교복 등을 모두 포함해 연 980만 원 정도다. 지난 2년간 250억 원을 투자해 기숙사와 별관동을 증축한 데 이어 종합관과 체육관을 신축할 계획이다.

일반 계열 1학년 자녀를 둔 김모 씨는 "기숙사 생활을 하며 특화한 프로그램으로 교육을 받기 때문에 사교육을 따로 시키지 않아도 돼 좋다"고 말했다.

성적 위주 공부만 강요하지 않는 자유로운 분위기

Q 수업을 영어로만 하는데 어렵지는 않은지?

입학 후 첫 수업부터 난관에 부딪혔다. 기본적으로 영어를 잘하는 학생들이 입학하기 때문에 영어 수업 자체가 이해하기 어렵다기보다 수업과 생활 모두 영어로만 해야 하는 환경이 불편했다. 국제과 지원자의 토플 평균이 110점(120점 만점), 중학교 내신 평균은 5퍼센트 이내라고 들었다.

Q 과제가 많다는데 어떤 것들인가?

선생님마다 내주는 과제의 유형이 다양하다. 스페인어 선생님은 스페인어 영화를 보고 관련 활동을 해보라는 프로젝트를 내준다. 경제학 선생님은 글로벌 기업 한 곳을 정해주고 그 기업의 주가를 분석해보라고 한다. 학생들은 그 주제로 포스터를 제작하거나 연극을 발표하는 등 다양한 표현 방식으로 과제를 준비한다. 자료를 찾고 결과를 도출하는 과정이 힘들지만 재미있다.

Q 기숙사 생활은 어떤지?

국제과 여학생은 서미트 홀 1층 기숙사에서 생활한다. 남학생은 북일고 일반 계열 친구들과 함께 기숙사를 쓰지만 수업 시간이 달라서 서로 만나는 일은 별로 없다. 그래도 축구나 농구 같은 운동은 종종 같이 한다. 가장 힘든 점은 아침에 일어나 오르막길을 거쳐 식사하고 내려오는 일이 아닌가 싶다. 국내 고교 중 캠퍼스가 가장 넓어 이동하는 데 시간이 많이 걸린다.

Q 국제과는 수준별 무학년제라 선후배가 같이 배우는데, 스트레스는 없는지?

각자 선택하는 과목에 따라 반이 배정되기 때문에 수업 받는 학생의 나이가 다를 때가 많다. 처음 입학하면 어색할 수 있지만 한 달만 지나면 편하다. 생활이나 수업, 자습을 같이 하기 때문에 나이를 잊게 된다. 어차피 외국 대학에 진학하면 나이는 중요하지 않다.

Q 외고나 특목고도 있는데 이 학교 국제과를 택한 이유는?

국제과는 총 정원이 90명에 불과하다. 소수 정예로 생활하기 때문에 우정도 깊이 나눌 수 있고 가족 같은 분위기다. 성적 위주 공부만 하며 경쟁해야 하는 게 아니라 자유롭고 재미있게 공부할 수 있는 곳인 것 같다. 그게 북일고를 선택한 이유나.

신입생 이렇게 뽑아요

구분	모집 정원	모집 지역 단위
자기주도학습 전형(일반계)	340명(남학생)	전국 50퍼센트, 광역(충남) 50퍼센트
자기주도학습 전형(국제과)	30명(남녀 학생)	전국
체육특기자 전형	12명(남학생)	전국
계	382명	

● **국제과 전형**

원서 접수 및 서류(입학원서, 학교생활기록부, 자기소개서, 교사 추천서, 개인정보 활용 동의서, 외국 중학교 출신자는 추가 제출 서류 있음) 제출.

┃1단계┃ 중학교 내신(200점, 국·영·수·사·과 5개 과목, 1학년 2학기부터 3학년 1학기까지 4개 학기 적용, 교과 성적은 만점에서 전체 B의 개수에 따라 차감하여 산출)으로 모집 정원의 2배수 선발.

┃2단계┃ 서류 평가(50점) + 개별면접(50점) + 인성집단면접(50점)으로 최종 합격자 30명 선발. 일반 면접은 자기소개서를 바탕으로 지원 동기, 학습 및 진로 계획, 봉사 활동, 독서 활동에 대한 생각이니 경험 평가. 인성집단면접에서는 5~6인을 한 조로 묶어 주제 선택형 면접을 진행해 사고력과 논리력, 문제 해결력, 인성 종합 평가.

● **일반 계열 전형**

학생부 교과 전형

▌1단계▐ 중학교 내신(210점, 국·영·수·사·과 5개 과목, 1학년 1,2학기 10%씩, 2학년 1,2학기 25%씩, 3학년 1학기 30% 반영)으로 2배수 선발

▌2단계▐ 1단계 성적(210점) + 서류 20점, 면접 20점 합산하여 성적순으로 선발. 서류는 자기소개서로 지원 동기 및 진로 계획, 자기주도학습 과정, 인성 영역으로 구성됨. 자기소개서와 생활기록부를 바탕으로 면접이 진행됨. 면접은 개별 문항과 공통문항으로 구성.

학생부 종합 전형

▌1단계▐ 중학교 내신(210점, 국·영·수·사·과 5개 과목, 1학년 1, 2학기 10%씩, 2학년 1,2학기 25%씩, 3학년 1학기 30% 반영)으로 2배수 선발.

▌2단계▐ 1단계 성적(210점) + 서류 40점, 면접 40점 합산하여 성적순으로 선발. 서류는 자기소개서로 지원 동기 및 진로 계획, 자기주도학습 과정, 인성 영역으로 구성됨. 자기소개서와 생활기록부를 바탕으로 면접이 진행됨. 면접은 개별 문항과 공통문항으로 구성.

일반 계열 진로 맞춤형 교육과정 프로그램

● **과제 연구**

▌심화 8개 주제(통일과 헌법, 문학과 영화, 이해와 표현, 인간과 문화, 정보 보안, 과학과 철학, 환경과 생태, 진로와 직업) 중 1개 분야 선택해 매

주 화요일 대학교수나 석박사급 연구원에게 심화 강의를 듣고 연구보고 책자 발행.(1학년 필수)

┃심화 13개 주제(북일 MBA, 북일 Humanitas, 금융의 이해, 마음의 이해, 사회과학통계, 고등미적분학, 화약(우주항공), 생명과학(바이오), 정보통신, 진로와 직업, 반도체, 제약, 신소재) 중 1개 분야 선택해 매주 목요일 대학교수나 석박사급 연구원에게 심화 강의를 듣고 연구보고 책자 발행.(2학년 필수)

● **고교-대학 연계 R&E(Research&Education)**

학년 구분 없이 성적 우수자 중 원하는 학생에 한해 수학·과학 분야 대학교수와 함께 프로젝트 연구를 하고 논문을 작성하는 프로그램. 학기 중엔 주말, 방학 중엔 평일에 대학 찾아가 학습.

● **전문교과 · 심화과목 개설**

인문계는 국제고 · 외고 수준의 심화과목(51단위), 자연계는 과학영재학교 · 과학고 수준의 심화과목(39단위) 이수.

● **1인 1예 1체**

음악 18종(색소폰 · 금관악기 · 사물놀이 등), 미술 9종(서양화 · 디자인 · 도자기공예 등), 체육 14종(축구 · 스쿼시 · 유도 · 수영 등) 중 학생별로 음악 · 미술 한 가지, 체육 한 가지를 의무적으로 익혀야 함. 1학년 주 4시간, 2학년 주 2시간. 악기나 기구는 학교에서 지원.

하루를 이렇게 보내요

● 일반 계열

시간	일과
6:10	기상
6:10~7:10	아침점호 후 식사
7:10~7:40	세면, 등교
7:40~8:10	명상의 시간, 조회
8:10~12:00	정규 수업
12:00~13:10	점심 식사
13:10~16:00	정규 수업
16:00~16:30	종례, 청소
16:30~18:00	방과 후 수업
18:00~19:00	저녁 식사
19:00~22:50	자기주도학습
22:50~23:10	기숙사 복귀
23:10~23:40	점호
23:40~23:50	취침 준비, 소등
23:50~2:00	희망자에 한해 심야자습 가능

● 국제과

시간	일과
6:10	기상
6:10~7:00	아침 식사
7:00~7:50	세면, 등교
7:50~8:10	조회
8:10~12:00	정규 수업
12:00~13:00	점심 식사
13:00~18:00	정규 수업(1시간은 동아리 활동)
18:00~18:50	저녁 식사
18:50~19:10	기숙사 복귀
19:10~21:00	자기주도학습, 동아리 활동
21:00~21:30	점호(취침 가능)
21:30~0:00	자기주도학습
0:00~1:00	심야자습 가능, 1시엔 반드시 취침

7

안 산 동 산 고

부모 같은 마음으로
인성을 우선시하는 교육

안산동산고는 전국 단위가 아닌 광역 자사고 가운데 진학 실적 전국 1위다. 〈중앙일보〉가 2013학년도 수능 표준점수 상위 100개 고교를 분석한 결과에 따르면 안산동산고 언어·수리·외국어 표준점수 합계 평균은 362.6으로 46위다. 서울 강남 8학군 명문고나 전국 단위 자사고 가운데 동산고보다 순위가 아래인 학교가 상당수다. 비결을 묻자 문순용 교감은 "내세울 건 교사들의 열정뿐"이라는 답을 내놨다.

동산고 교사는 교칙뿐 아니라 학생 지도 방법이나 교수법 등에 대해 서로 지적과 조언을 스스럼없이 한다. 교과와 관련한 학습 자료는 물론 토론이나 독서 연계, 체험 학습 등 수업 노하우도 활발하게 공유한다. 동산고에 토론식 수업이 유난히 많은 것도 이런 이유 때문이다. 국어 · 사회 · 역사 등 인문학 관련 수업은 물론 수학이나 과학 시간에도 실험과 함께 토론 수업을 한다.

동산고는 신입생들에게 "성적으로 경쟁하지 말고 친구를 존중하고 자신의 꿈을 이루기 위해 노력하라"고 가르친다. 성적보다 인성을 강조하는 것이다. 그래서인지 동산고는 성적 우수자에게 우선권을 주는 특별 수업이나 우열반 등은 전혀 운영하지 않고 있다.

성적보다 **인성**이 **먼저**,
태도가 가장 **큰**
실력인 **학교**

안산동산고 신입생들은 입학하면 가장 먼저 인사 교육을 받는다. '태도가 곧 실력이다'라는 홍원용 교장의 지도 방침 아래 상대방을 배려하고 존중하는 인사 교육부터 철저하게 시킨다. 교사는 물론 선배와 학교를 방문한 외부인들에게까지 인사를 공손히 하도록 지도하기 때문에 간혹 학교를 찾는 외부인들도 학생들의 인사성과 밝은 표정을 칭찬한다. 입학부터 인사와 태도 교육을 철저히 받은 덕분인지 학생들이 교권 침해나 학교 폭력, 왕따 문제를 일으키는 일도 없다.

선후배 사이도 돈독해서 신입생이 입학하면 2학년 선배들은 멘토링 시간을 만들어 학교생활과 학업에 관한 세세한 부분까지 후배들에게 가르쳐준다. 또한 1주일간 학급 경건회를 함께해주고 특별 구

역 청소 방법까지 알려준다. 1학년 담임인 강수진 교사는 "학기 초 배정받은 화장실 청소를 어떻게 지도해야 할지 막막했는데, 작년에 청소를 한 2학년 학생들이 자발적으로 찾아와 일주일 동안 우리 반 아이들과 함께 청소해주고 방법을 전수해주고 갔다. 고맙다고 간식을 사주려고 하자 '당연히 할 일을 했다'며 한사코 거절했다."고 했다.

안산동산고의 학생 관리는 각별하다. 지각 여부, 수업 태도, 양호실 출입, 친구 간 다툼 같은 크고 작은 일이 모두 담임교사에게 곧바로 전달된다. 담임교사는 학생 신상에 작은 변화라도 감지하면 직접 상담하거나, 전문 상담교사의 도움을 받아 문제를 해결하기 위해 애쓴다. 이 학교 교사들이 학생의 일거수일투족에 민감한 데는 이유가 있다. 안산동산고는 한 학년 정원이 640명으로 이 중 100명 정도는 기숙사에서 거주하고, 100명 정도는 학교 근처에서 자취를 한다. 그래서 교사는 학생들의 부모가 된 마음으로 상담도 자주 하고 자취방 방문도 한다. 교칙이 엄격한 것도 이런 이유에서다. 안산동산고에는 치마길이가 무릎 위로 올라가는 학생이 없으며 바지를 줄여 입는 학생도 없다. 또한 이성 교제를 교칙으로 금한다. 남녀 학생끼리는 '윤리거리'가 정해져 있어, 서로 50센티미터 거리에서 상대방을 대한다. 한 교사는 "외부에서는 이런 교칙이 헌법에 위배된다고 비난을 많이 한다"고 털어놨다. 이 문제로 교사끼리 치열한 토론을 벌인 적도 많다. 하지만 결국 고수하기로 했다. 그는 "청소년기에 남녀 학생끼리 동료의식을 가질 수 있도록 돕되, 부모 시야에서 벗어나 있는 동안 이성 교제는 지도하는 게 옳다는 결론을 내렸다"고 설명했다.

배려하고 존중하는 문화가
학업 집중력 상승의 원동력

다른 학교라면 교사들이 모두 퇴근했을 시간인 평일 오후 9시에 안산동산고 교무실을 찾아도 담임교사의 절반 정도는 남아서 반 학생들 상담을 하고 있다. 모의고사 성적이 발표된 날이면 퇴근길에 벤치에 앉아 학생들과 상담을 하는 교사들을 쉽게 볼 수 있다. 또 교사가 학생들을 세심하게 살피고 꼼꼼하게 지도하기 때문에 안산동산고 졸업생들의 학교생활기록부는 양과 질이 높기로 정평이 나있다.

인성을 강조하는 분위기는 사실 기독교 학교라는 정체성에서 기인하는 바가 크다. 안산동산고는 매일 아침 8시 30분부터 9시까지 학생들끼리 '경건회'라는 학급 예배를 드리고 수업을 시작한다. 각 학급의 선교부반장은 학생들의 생일을 함께 축하해주기도 하고, 힘

든 친구들을 위해 기도해주기도 한다. 학생들은 경건회를 통해 자존감을 기르고 공동체 의식을 배운다. 또 매주 수요일마다 전교생이 모여 예배를 한다. 예배 시간에 전교 학생 중 한 주간 생일인 학생들을 대상으로 축하하는 시간이 있다. 각 학급의 임원들은 친구들을 찾아다니며 악수와 포옹을 하며 축하한다. 카메라는 이 장면을 한 명 한 명 클로즈업하여 화상으로 내보낸다. 이 생일 축하 의식을 통해 학생들은 행복함과 존재감을 느낀다. 공식적인 종교 행사 외에 '학부모 기도회'가 화요일마다, '교사 기도회'가 목요일마다 있다. 문순용 교감은 "학부모와 학교의 갈등, 교사와 학생 간 갈등이 생길 때도 있지만 이런 기도회를 거치면 갈등이 증폭되지 않고 서로 이해하고 화합하는 분위기로 바뀔 때가 많다"고 말했다. 신앙을 기반으로 교사와 학부모, 학생이 쉽게 하나로 뭉친다는 말이다.

안산동산고는 신앙과 관계없이 입학이 가능하기 때문에 한 학급의 절반 정도는 다른 신앙을 갖고 있거나 무교다. 기독교가 아닌 학생들도 찬양 시간은 좋은 노래를 배우고 함께 불러보는 시간으로 여겨 함께 참여하여 즐거운 기독교 문화를 자연스럽게 경험하며, 대다수 학생들이 예배 시간에 설교를 들으면 마음이 편해진다며 기꺼이 참여하는 분위기다.

봉사에 적극적인 것도 이런 신앙적 가치관 덕분이다. 안산동산고 학생 150여 명은 안산 지역 청소년 공부방에 다니는 초·중학생의 공부 도우미가 돼주는 '푸른교사단' 활동을 하고 있다. 방학이면 몽골과 태국 빈민가를 방문해 봉사활동을 하기도 한다. 고등학교 때는 분초를 다퉈가며 공부에만 집중해도 만족할 만한 입시 결과를 얻기가 쉽지 않다. 하지만 교사들은 "서로 배려하고 존중하는 문화 속에서 자신의 학업에 집중하는 힘을 기른 아이들이 3학년 때 끝까지 집중력을 유지해 원하는 대학에 합격하는 것 같다"고 설명했다.

스스로 공부하는 분위기의
행복한 학교

●   1학년 부장 곽영조 교사는 "안산동산고는 3학년보다 1학년 지도에 더 신경 쓰는 학교"라고 강조했다. 입시 성적이 좋지만 신입생이 입학하면 "성적으로 경쟁하지 말고 친구를 존중하고 자신의 꿈을 이루기 위해 노력하라"고 가르친다. 그래서 안산동산고에는 경쟁으로 과열된 분위기가 없다. 쉬는 시간이면 모르는 문제를 친구들에게 물어보는 풍경이 자연스럽게 펼쳐지고, 학생들끼리 필기를 보여주거나 요점 정리를 기꺼이 공유한다.

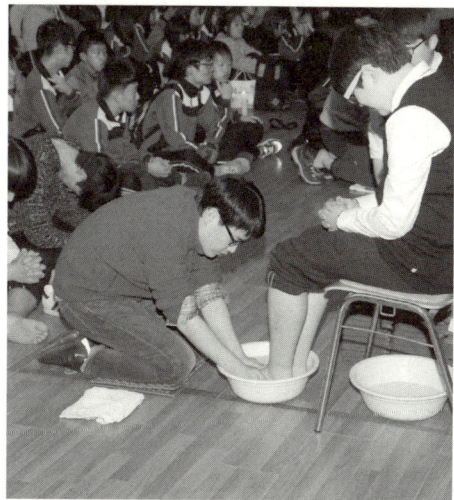 

▌1학년 수련회에서 담임선생님들이 학생들 발을 씻어주며 사랑과 섬김을 먼저 보여준다. ▌아침 경건회 모습.
▌안산동산고에서는 교사들이 자발적으로 관심 분야의 독서 동아리를 운영하며 학생들과 책을 읽고 토론을 한다.
▌200여 명의 동산고 학생들이 1주일에 2시간씩 지역 공부방 학생들에게 학습 지도를 하고 멘토가 되어주는 '푸른
교사단' 활동을 한다.(왼쪽 위부터 시계 방향)

안산동산고에는 학생들끼리 자발적으로 만든 스터디 모임이 많다. 부족한 부분을 스스로 찾아서 공부하고 서로 알려주니 자기주도적인 학습 태도가 자연스럽게 길러진다. 교사는 학생들이 스터디 그룹을 만들어 오면 일지를 검사해주고 방향을 잡아준다. 자발적인 스터디 그룹을 교사가 인정해주니 학생들은 신이 나서 더 열심히 한다. 야간 자율학습은 강제가 아님에도 90퍼센트가 넘는 학생들이 매일 참여한다. 공부하는 분위기가 형성되어 있으니 학생들은 자연스럽게 주도적으로 학습하는 태도를 기른다.

비단 학업뿐이 아니다. 관심사가 같은 학생들이 자발적으로 모여서 자율 동아리를 결성해서 활동한다. 약 60여 개의 공식 동아리와 40여 개의 독서 동아리, 50여 개의 자율 동아리가 있다. 동아리 활동은 대부분 학생 위주로 이루어지는데, 많은 학생들이 교내외에서 적극적으로 동아리 활동을 하고 있다. 각 동아리들은 교내에서 발표회를 가질뿐더러 교외 대회에서도 우수한 성적을 거두는 일이 부지기수다. 그중 10개가 넘는 과학 동아리들은 스스로 연구 주제를 세우고 1년에 한 번씩 연간 연구 활동을 발표하는 시간을 갖는다. 2013년에는 건축반 학생들이 공모전에서 입상해서 직접 설계한 쉼터가 학교에 만들어지기도 했다. 스스로 계획을 세워 직접 실험하고 연구한 결과들은 입학사정관제에서도 좋은 결과를 가져온다.

대다수 안산동산고 학생들은 학교생활에 만족감을 표한다. 교사나 친구들과의 관계도 돈독하고 활발한 예체능 활동을 통해 스트레스도 풀 수 있기 때문이다. 김은하 음악 교사는 "우리 학교 학생들은 음악을 취미로 하지만 전공자 수준의 실력을 가지고 있다"고 말했다. 1학년 체육 시간에는 교내 수영장에서 전교생이 수영을 배운다.

'나 하나'보다
'우리 모두'를 위하는 분위기

Q **동산고로 진학한 이유는?**

중학교 때 내신이 200점 만점에 198.6이었다. 전국 단위 자사고도 갈 수 있는 성적이었다. 동산고를 택한 이유는 분위기 때문이다. 기독교 학교라 다들 착하고 배려하는 분위기일 것 같았다. 물론 진학 실적도 우수해 신뢰가 있었다.

Q **기대한 대로인지?**

기대한 것보다 훨씬 좋다. 가장 만족도가 높은 것은 동아리다. 완전히 학생 위주로 움직인다. 화학 동아리 활동을 하고 있는데 실험 계획을 전부 학생들이 짠다. 선생님은 안전 여부를 확인하는 정도다. 얼마 전에는 미세조류 속에 자외선 차단 효과가 있는지 알아보는 실험을 했다. 선생님이 직접 미세조류를 배양받아 갖다 주고 실험 과정에 대해 조언을 해주셨다. 이런 실험은 워낙 많은 지식이 필요한 데다 번거롭기도 해 선생님이 실험 자체를 반대할 줄 알았는데 오히려 적극적으로 도와주셔서 놀랐다.

Q **학업 스트레스는 어느 정도인가?**

'나 하나'보다 '우리 모두'를 위하는 분위기다. 친구가 슬럼프에 빠져 힘들어하면 서로 상담해주며 기운을 북돋워준다.

Q 매일 아침마다 열리는 경건회 분위기는 어떤가?

레크리에이션 시간이라고 생각하면 된다. 신나게 율동하고 박수 치고……. 신앙이 없는 애들도 '잠이 확 깬다'며 열심히 따라 한다. 경건회 때는 학생들이 돌아가면서 설교를 하기도 한다. 나와 비슷한 고민을 가진 친구의 이야기를 듣다 보면 위로도 많이 받는다. 이 시간에 자율학습을 한다거나 딴청 피우는 애들은 거의 없다.

Q 이성 교제를 교칙으로 금지하고 있는데.

그렇다. 학급은 남녀 분반이다. 서로 50센티미터 안으로는 접근하지 말라는 '윤리 거리'도 있다. 하지만 동아리나 봉사활동을 하면서 자주 만나니 남녀가 친구로 잘 지낸다.

Q 교칙이 엄한데 불만은 없나?

딱히 교칙이 엄하다고 생각해본 적 없다. 오히려 선생님들이 잘해줘서 집처럼 편안하다. 나를 가르치지 않는 선생님도 내 이름을 다 안다. 고민을 상담하러 가면 진심으로 걱정해주시고 함께 해결 방법을 찾으려고 애써주신다.

Q 기숙사 생활이 힘들지 않나?

그래서 친구나 선후배에게 더 많이 의지하는 것 같다. 1, 2, 3학년이 한 명씩 '기도 짝'이라는 걸로 맺어져 있다. 3학년 선배가 수능 앞두고 힘들어할 때 셋이 모여 기도하고, 후배가 어려움을 겪으면 모여서 기도하는 모임이다. 나를 위해서 기도하는 사람이 있으니 학교도 집처럼 든든하다.

Q 동산고를 꿈꾸는 후배들에게 당부하고 싶은 말이 있다면.

자신만의 확고한 판단 기준이 있어야 한다. 우리 학교는 스스로 선택해야 하는 게 많다. 동아리 활동이나 특강, 봉사활동 같은 것도 친구가 한다고 따라 하다 보면 자기 시간이 없어져 결국 손해 본다. 학교에서 제공해주는 게 많은 만큼 분명한 자기 기준을 갖고 온전히 자기 것으로 만들 수 있었으면 좋겠다.

신입생 이렇게 뽑아요
신앙과 당락 무관하지만
종교 다르면 힘들 수도

안산동산고는 경기도 내에서만 지원 가능한 광역 단위 자사고다. 하지만 인구 1000만이 넘는 경기도에서 우수 학생이 몰려 합격 커트라인은 어지간한 전국 단위 자사고를 웃돈다. 2014학년도 신입생 모집에서 동산고는 1.54대 1의 경쟁률을 보였다. 지원자가 몰리는 가장 큰 이유는 대입 실적이다. 2012학년도 서울대 합격자 수가 32명으로 전국 고교 중 13위였다. 2013학년도는 30명으로 전국 16위다. 광역 자사고 가운데 부동의 1위다.

동산고 입시는 '자기주도학습 전형'으로 치러진다. 경기도 내 전체 학생을 대상으로 치르는 일반 전형으로 320명, 안산 거주 학생을 뽑는 지역 인재 전형으로 192명, 사회통합 전형(과거 사회배려 전형)으로 128명을 선발한다. 일반 전형과 지역 인재 전형은 2단계를 거친다. 1단계에서는 내신(250점 만점)으로 정원의 1.5배를 통과시키고, 2단계에서 1단계 점수(내신 250점)와 면접(50점)을 합산해 최종 합격자를 가린다. 내신은 국어·영어·수학·사회(역사 포함)·도덕·과학 6과목만 반영한다. 2학년 성적을 100점으로, 3학년 성적을 150점으로 환산해 총 250점 만점이다.

다른 자사고의 면접 점수가 30~40점인 데 비해 동산고의 면접 점수(50점)는 높은 편이다. 이성길 교무기획부장은 "경기도 내 중학교의 학력 차이가 커서 내신 성적만으로 학생을 선발하는 데 무리가 있다"며 "면접을 통해 학생의 발전 가능성과 잠재력을 반영해 합격자를 가린다"고 설명했다.

면접은 자기소개서와 교사 추천서를 토대로 이뤄진다. 자기소개서에는 학업계획서와 진로계획, 인상 깊은 책 2권, 배려·나눔·협력·타인 존중·갈등 관리·관계 지향성·규칙 준수 등 인성 영역에 대한 기술이 포함된다. 입학전형위원 3명이 지원자 1명에게 5분 내외로 질의한다. 인성을 강조하는 만큼 "공동체 일원으로서 어떻게 행동할 것인가?"라거나 "교내 갈등 상황에 어떻게 대처할 것인가?" 같은 품성과 소양을 묻는 질문이 주를 이룬다.

기독교 학교니 기독교를 믿는 학생이 유리하지 않을까. 그러나 이 부장교사는 "신앙과 당락은 아무 관계가 없다"고 말했다. 그는 "기독교인이어야 할 필요는 없지만, 기독교에 거부감이 있다면 입학 뒤 적응하기 힘들 수 있다"며 "분명한 종교적 특징이 있는 만큼, 우리 학교에 지원하려면 이를 이해하고 포용하려는 자세가 필요하다"고 강조했다.

안산동산고 내신 점수 산출법

학년	학기	기본 점수	계산 공식	계	비율
2학년	1학기	20	20+30×(A+반영 과목 수)-B/A	100점 만점	40퍼센트
	2학기	20	20+30×(A+반영 과목 수)-B/A		
3학년	1학기	40	40+60×(A+반영 과목 수)-B/A	150점 만점	60퍼센트
	2학기	40	40+60×(A+반영 과목 수)-B/A		

A: 국어, 영어, 수학, 사회, 역사, 도덕, 과학 중 이수한 과목 수강생 수의 합
B: 국어, 영어, 수학, 사회, 역사, 도덕, 과학 중 이수한 과목 석차의 합

기숙사생은 하루를 이렇게 보내요

시간	일과
6:00	기상
6:00~6:30	씻고 등교 준비
6:30~6:40	호실별로 예배(여학생은 4인 또는 8인 1실, 남학생은 14인 1실)
6:40~7:00	아침 식사 후 등교
7:00~8:30	오전 자율학습
8:30~9:00	학급별 경건회
9:00~16:50	수업(7교시)
16:50~17:10	청소
17:10~18:00	보충수업(선택)
18:00~18:50	저녁 식사
18:50~22:00	교실에서 자율학습(전교생 50퍼센트 참여)
22:00	기숙사 복귀
22:30~0:00	자율학습(기숙사 도서관)
0:00	전원 취침

3

학교는 입시기관이 아니라는
중 동 고 만 의 　 철 학

중동고 동문들은 학교를 상징하는 정신으로 '의(義)'를 꼽는다. 1906년, 민초들이 돈을 모아 설립한 중동고는 독립운동에 앞장선 민족사학이었다. 1996년, 삼성그룹은 고(故) 이병철(1929년 졸업) 창업주의 모교라는 인연으로 중동고를 인수했다. 그 후 학교를 영국의 명문 사립 이튼스쿨처럼 키우기 위해 17년 동안 800억 원을 투자했다. 2010년, 자사고 지정 평가에서 최우수 평가를 받으며 자사고로 전환했으나, '서울 강남에 재벌이 자사고를 운영한다'는 오해를 피하기 위해 삼성이 재단 운영에서 손을 떼는 아픔을 겪기도 했다. 그러나 중동고는 현재도 기본 운영 자산이 250억 원에 달하는, 재정 자립도가 가장 우수한 자사고 중 하나다. 2014학년도 입시에서 중동고는 400명 남짓의 적은 학생 수에도 서울대 21명, 연세대 42명, 고려대에 42명(중복 합격 포함)이 합격하는 등 좋은 입시 성적을 냈을뿐더러 전국에서 유일하게 한 학교에서 수능 만점자 2명을 배출하기도 했다. 학교 측은 "특성화된 수업과 교육 때문에 가능한 일"이라고 설명했다.

“

중동고는 학년별로 특성화 수업을 진행한다. 1학년 때는 진로 계발을 돕는 'Who am I?', 영어로 토론하고 글로벌 롤 모델을 찾는 '글로벌 리더십'을 1·2학기에 나눠 배운다. 2학년 때는 역사관을 바로 세우는 '한국의 지성'(문과), 물리와 수학을 융합해 배우는 '재미있는 물리의 세계'(이과), 3학년 때는 자기소개서 작성에 필요한 항목을 정리하면서 논술과 면접을 동시에 대비하는 '세계의 지성'(문과)과 수리 논·구술에 대비하는 '재미있는 숫자의 세계'(이과) 등을 배운다.

중동고 학생들은 특성화 수업뿐 아니라 교과 수업에 대한 만족도도 높다. 그 바탕에는 체계적인 학교 시스템이 있다. 중동고 교사들은 수업 시간표 작성이나 가정통신문 발송과 같은 행정 업무는 하지 않고 오로지 수업 준비와 교재 개발, 교수법 연구에만 집중한다.

”

중동고의
특별한
역사 수업

●   2013년 11월 26일 중동고 도서관에선 '한국의 지성' 수
업이 한창이었다. 역사적으로 평가가 엇갈리는 인물을 선정한 뒤,
조별로 검사·변호사를 맡아 갑론을박甲論乙駁을 펼치는 모의 역사 법
정을 진행한 것이다. 발표에 참여하지 않는 학생은 배심원으로 참
여한다. 이날의 주제는 조선의 마지막 왕이자 대한제국 1대 황제인
고종. 세상을 떠난 지 94년이 된 왕에 대한 평가를 21세기 고등학교
교실에서 한 것이다.

    "고종은 현군賢君입니다. 구한말 러시아와 일본 등 열강 사이에서
등거리외교를 펼치며 위기를 극복하려 노력한 점을 인정할 필요가
있습니다. 만약 러일전쟁 때 러시아가 패배해 권력 구도가 깨지지
않았으면 등거리외교는 조선 역사에 길이 남을 훌륭한 업적이 됐을

겁니다."

고종 변호인단인 여민수 군(2학년)의 발언이 끝나기 무섭게 검찰 측 박준석 군(2학년)이 "이의 있다"며 반발에 나섰다. "결과가 중요합니다. 그는 결국 조선을 일본에 넘겨주지 않았습니까. 왕은 모든 백성의 안위를 책임져야 하는 사람입니다."

30여 분의 토론 뒤 배심원단의 평결이 이뤄졌다. 고종을 현군, 암군暗君으로 판단한 학생은 각각 3명, 15명이었다. 검사 측 주장이 더 설득력 있었던 것이다. '한국의 지성' 수업은 이렇게 학생이 100퍼센트 주도한다. 역사 교사는 수업을 마무리할 때 역사적 사실과 다른 내용만 지적한다. 배심원도 재판 중 언제든 질문할 수 있다. 수업 시간에도 스마트폰을 사용할 수 있는데, 이는 학생들이 인터넷을 통해 정보를 얻은 후 질문할 기회를 주기 위해서다.

'한국의 지성'은 2013년 3월부터 2학년 인문계열 학생을 대상으로 만들어진 특성화 수업 중 하나다. 한국사를 필수로 반영하는 서울대 입시에 도움을 주는 동시에 올바른 역사 인식을 심어주기 위해 시작했다. 2017학년도 대입 수능부터 한국사가 필수과목으로 지정된 걸 감안하면 중동고가 선견지명이 있었던 셈이다. 최모 교사는 "학생 대부분이 인터넷에서 얻은 단편적 지식을 확대 해석하는 경우가 많아 안타까웠다"며 "좋다·나쁘다 식의 이분법적 논리가 아니라 사회문화적 배경 속에서 역사를 이해할 수 있게 돕고 싶었다"고 취지를 설명했다.

지금까지 역사 법정에 선 인물은 김부식, 세조, 광해군, 명성황

▎중동고 2학년 인문계열 학생이 도서관에서 '한국의 지성' 수업을 하고 있다.

후, 이승만 등이다. 학생들은 이를 통해 역사를 바라보는 새로운 시각과 상대방 의견을 수용하는 방법을 배운다.

2학년 여민수 군은 "지금껏 고종은 능력 없는 왕이라고만 생각했는데 알고 보니 업적이 많았다"며 "논문 30여 편을 조사하면서 역사 지식을 쌓은 것은 물론 한 가지 현상을 놓고도 양면을 살펴보는 습관이 생겼다"고 말했다.

나는 내가 만든다!
'Who am I?'
프로그램

● 　　　학년에 맞는 체계적인 특성화 프로그램도 있다. 1학년 때는 진로 계발을 돕는 'Who am I?', 그리고 영어로 토론하고 글로벌 롤 모델을 찾는 '글로벌 리더십'을 1·2학기에 나눠 배운다. 2학년 때는 역사관을 바로 세우는 '한국의 지성'(문과), 물리와 수학을 융합해 배우는 '재미있는 물리의 세계'(이과), 3학년 때는 자기소개서 작성에 필요한 항목을 정리하면서 논술과 면접을 동시에 대비하는 '세계의 지성'(문과)과 수리 논·구술에 대비하는 '재미있는 수학의 세계'(이과) 등이 있다. 이들 수업은 창의체험 프로그램이라 따로 점수를 내진 않는다. 말 그대로 배우는 즐거움만 주는 수업이다. 진도를 하루라도 일찍 끝내고 수능 체제에 들어가는 다른 많은 학교와 사뭇 다른 모습이다. 구영식 교감은 "학교는 입시기관이 아니다"라며

"좋은 대학에 많은 학생을 합격시키는 것보다 중요한 건 학생들이 꿈과 목표를 찾게 하고, 세상을 살아가면서 알아야 할 지식을 전달하는 것"이라고 강조했다.

목표를 찾는 대표적인 수업이 'Who am I?'다. 시작한 지 10년이 넘은 독특한 자아 찾기 프로그램으로, 학생들이 꿈과 목표, 그리고 공부하는 이유를 찾도록 돕는다. 2004년 당시 정창현 교장과 교사 4명이 의기투합해 만든 《Who am I?—나는 내가 만든다》는 책을 교재로 사용한다. 당시 책 집필에 참여했던 교사들은 정년퇴직 등으로 대부분 학교를 떠났지만 이 프로그램은 필수 교과목으로 자리 잡았다.

수업은 크게 자기 정체성 확립, 비전 수립, 자기 관리, 커뮤니케이션 향상 4가지 분야로 나뉜다. 이 수업을 통해 자신의 장점을 찾고, 30년 후 자신의 모습을 그리며 비전을 찾아나간다. 이 프로그램에 참여하면서 자신의 꿈을 찾고 자신감을 갖게 됐다는 학생이 많다. 지금까지 한 번도 고민한 적 없는 자기 자신에 대해 생각해보게 하는 이 수업을 학생들은 '인생 정리 수업'이라고 표현하기도 한다. 배종우 군(2학년)은 "이 수업을 통해 나의 과거·현재·미래를 알 수 있었다"며 "꿈도, 공부할 의욕도 별로 없던 친구가 '교사'라는 정확한 목표를 찾은 뒤 눈에 불을 켜고 공부하는 것도 봤다"고 말했다.

프로그램 개발과 책 집필에 참여한 안광복 철학 교사는 "목표가 생기면 학생 스스로 노력한다"며 "전에는 '공부를 왜 하느냐?'는 질문에 자신 있게 답하는 학생이 별로 없었지만 이제는 구체적으로 자신의 꿈을 얘기한다"고 설명했다.

재학생
80퍼센트 이상
학교 수업에 만족

특성화 수업뿐 아니라 교과 수업에 대한 만족도도 높다. 지난해 실시한 서울시 교육청 교원능력개발평가에서 재학생 80퍼센트 이상이 "학교 수업에 만족한다"고 답했다. 그 바탕에는 체계적인 학교 시스템이 자리 잡고 있다. 중동고 교사들은 수업 시간표 작성이나 가정통신문 발송과 같은 행정 업무는 하지 않고 오로지 수업 준비와 교재 개발, 교수법 연구에만 집중한다. 업무 지원팀 6명이 수업 외 행정 업무를 전부 책임진다.

오세목 교장은 "학생의 본문은 공부, 교사의 본문은 수업 아니냐"며 "잡무를 줄이니 교사 스스로 수업 질 향상을 위해 노력하더라"고 말했다. 모든 교사는 한 학기에 한 번씩 교실에 설치된 동영상 장비를 활용해 수업 장면을 녹화한다. 수업 시간에 사용하는 말투와 필

▌과학 실험 수업 모습.(위) ▌고3 선배를 응원하는 수능 출정식.(아래)

기 내용, 학생들의 반응을 살피고, 동료 교사와 수업 방식을 놓고 자유롭게 의견을 교환하며 수업 질을 향상시킨다. 매년 두 차례 동료 교사와 학부모를 초청하는 공개 수업 '자율장학' 시간도 있다. 오 교장은 "학생뿐 아니라 여러 사람에게 수업 내용을 평가받는 자리가 만들어지자 교사들 간에 '최고의 강의를 하겠다'는 경쟁심이 생겨나더라"고 말했다. 조원용 군(1학년)은 "중학교 때 몇몇 과목은 선생님이 수업을 성의 없게 해서 '놀 수 있는' 수업이 있었는데 중동고는 그런 수업이 없다"며 "잠깐도 졸 수가 없다"고 말했다.

졸업한 선배가
대학 면접법까지 코치

Q 중동고를 선택한 이유는?

자사고라 면학 분위기가 좋고, 특성화 수업 같은 우수한 프로그램이 많다. 선후배 간 단합과 남자 간 의리를 중요하게 생각하는 학생들이 중동고를 좋아한다.

Q 단합이 어느 정도로 잘되는지?

"중동고 출신은 미국에 가도 한 달은 돈 없이 지낼 수 있다"는 우스갯소리가 있을 정도다. 대학에 진학한 선배가 동아리 시간에 종종 찾아와 저녁이나 간식을 사주는 건 기본이다. 모의고사 성적 올리는 법, 자기소개서 작성법, 면접 대비법 등도 알려준다. 학교에서 졸업생 멘토와 재학생 멘티를 공식적으로 연결해주기도 한다. 서울대 화학과 진학을 목표로 하는 학생은 서울대 화학과에 다니는 선배에게 도움을 받는 식이다. 처음 만나는 선배와도 친형제처럼 편하게 지낸다.

Q 선배가 무섭다는 얘기도 많은데.

그래서 단합이 더 잘되는 것 같다. 선배 그림자라도 밟으면 큰일 나는 걸로 여겼던 시절도 있었다고 한다. 지금은 선후배 간의 규율은 있어도 예전같이 위압적인 분위기는 아니다. 동아리 등을 통해 선후배 간 이어지는 전통적인 유대 관계는 매우 강하다.

Q 컴퓨터게임을 하는 학생이 많은가?

1학년 때는 꽤 있다. 하지만 매일 PC방 가던 학생도 같은 반 친구들이 자율학습실에서 집중하는 모습을 보면 정신을 차리더라. 긍정적 자극을 받는 거다. 학생들끼리 서로 '게임 그만하자'고 도와주는 분위기도 있다. 2학년 때 정신 차리는 사람이 많다.

Q 내신 경쟁은 어떤가?

1학년 때 스트레스 받는 사람이 많다. 특목고보다는 덜하지만 내신 경쟁이 치열하다. 특히 문과는 전체가 150명이라서 1등급 받으려면 전교 6등안에 들어야 한다. 2학년 수학은 시험이 너무 어려워 80점만 넘으면 1등급일 때도 있다. 다행히 내신 시험에서 4~5등급 받아도 모의고사에선 1등급을 받는다. 그만큼 학교 내신 시험이 어렵고, 공부 잘하는 학생도 많다. 하지만 어렵게 공부한 덕분에 모의고사는 쉽게 느껴지는 게 장점이다.

Q 가장 좋은 점은 뭔가?

공부하기 좋은 환경을 만들어준다는 거다. 입학했을 때 자율학습실에 남학생만 모여 있어 안 좋은 냄새도 나고 공기가 탁했다. 한 시간만 앉아 있어도 머리가 아프고 집중이 안 됐다. 학생 한 명이 학교 측에 "답답하다"고 불만을 토로했다. 바로 다음 날 자율학습실에 공기청정기가 설치됐다. 그때 이 학교에 오길 잘했다고 생각했다. 아들이 태어나면 중동고에 보내고 싶다는 사람이 많을 정도로 만족도가 높다.

하루를 이렇게 보내요

시간	일과
7:50~8:20	등교, 아침 자습/담임 시간
8:20~9:10	1교시
9:20~10:10	2교시
10:20~11:10	3교시
11:20~12:10	4교시
12:10~13:20	점심시간
13:20~14:10	5교시(매주 수요일 5·6교시: 체험·동아리 활동)
14:20~15:10	6교시
15:20~16:10	7교시(수요일은 6교시까지 수업)
16:30~17:50	방과 후 학교(자유 선택제, 자율 참여)
19:00~22:00	자기주도학습(자율참여)

휘   문   고

108년   전 통 의
불굴의 명문 고등학교

2013년도 졸업생 651명 중 464명이 서울 지역 10위권 대학과 전국 의대·치대·한의대에 합격했다(중복 합격, 재수생 포함). 주요 대학별로는 서울대 33명, 연세대 71명, 고려대 43명, 서강대 22명, 한양대 55명 등이다. 중복 합격자와 재수생을 포함해 의대·치대·한의대에는 69명이 합격했다. 이렇게 엄청난 대학 진학 실적을 보인 학교는 과연 어디일까? 대원외고와 하나고 같은 특목고나 자사고 이야기가 아니다. 일반고인 휘문고의 대학 진학 실적이다. 휘문고는 2011년 자율형 사립고(이하 자사고)로 전환했지만, 자사고 기준에 맞춰 선발한 학생들은 2014년도에 처음으로 졸업한다. 학교 측은 휘문고가 앞으로 5년 내에 과학고와 전국 단위 자사고를 넘어설 것이라고 내다봤다.

휘문고는 2013학년도 수능에서 언어·수리·외국어 1·2등급 비율 36.6퍼센트로 서울 지역 학교 가운데 1위를 차지했다. 이런 성과의 배경에는 난이도가 유난히 높은 내신 시험과 방과 후 과정인 수리논술 수업이 있다. 수준 높은 수업과 난이도 높은 시험으로 학생들의 학습 긴장도와 학습 의욕을 끌어올린 것이다.

그렇다고 휘문고가 학생들에게 공부만 닦달하는 학교는 아니다. 오히려 다른 학교보다 학생들을 존중하며 규율도 느슨한 편이다. 다양한 동아리 활동을 통해 학업이나 진로 선택에 도움을 주기도 하고, 107년 전통을 자랑하는 학교답게 졸업생 멘토링 프로그램도 잘돼 있다.

학부모에게
최대한 **많은 서비스를**
제공하는 **학교**

2013년 7월 10일 오후 2시 휘문고 강당에 학부모들이 삼삼오오 모여들었다. 학교에서 진행하는 '2014년 수시 대비 입시 설명회'에 참석하기 위해서였다. 휘문고는 지난 한 해 학부모 대상 대입 설명회를 7번 넘게 개최했다. 하루가 다르게 달라지는 대입 정보를 전달하기 위해서였다. 마이크를 잡은 신종찬 휘문고 진학부장은 "요즘 대입은 정보력 싸움"이라며 "학생과 학부모 모두 제대로 알고 있어야 합격 가능성이 높아진다"고 했다.

이런 학부모 설명회가 휘문고의 주요 전략 중 하나다. 학부모와 스킨십을 적극적으로 시도하는 것이다. 신동원 교감은 "학교는 학부모에게 최대한 많은 서비스를 해야 신뢰를 얻을 수 있다"며 "학부모와 학생을 모두 만족시켜야 좋은 학교"라고 말했다. 휘문고가 학

▌1910년 3월 휘문의숙의 제1회 졸업식이 열렸다.(위) ▌휘문고 2학년 학생들이 수학 수업을 듣고 있다. 수업 분위기 좋기로 유명한 학교답게 졸거나 딴짓하는 학생은 찾기 어렵다.(아래)

년별 학부모 밴드를 개설하여 학부모와 실시간으로 소통하는 것도 같은 맥락이다. 학교의 모든 학사를 있는 그대로 드러내야 학부모가 신뢰를 바탕으로 학교 발전을 위하여 다양한 의견을 낼 수 있기 때문이다.

그래서 휘문고는 학부모 의견을 적극 수렴하는 학교로 유명하다. 내신 시험 방식을 개선한 것도 그중 하나다. 휘문고는 부정행위 방지를 위해 한때 1·2학년이 한 교실에서 시험을 봤다. 1학년이 사회, 2학년이 수학 시험을 보는 식이다. 그런데 상대적으로 쉬운 과목을 본 1학년 학생 중 일부가 문제를 빨리 푼 후 엎드려 자 시험 분위기를 흐트러뜨리는 문제가 생겼다. 2학년 학부모에게 "시험 때 집중하기 어렵다"는 민원이 들어왔다. 그러자 학교는 바로 다음 시험부터 어려운 과목끼리 묶거나, 아예 따로 시험을 치르는 방식으로 문제를 개선했다. 다른 많은 학교가 강압적인 자세로 학부모의 요구사항을 무시하는 것과는 사뭇 다른 모습이다.

학원 능가하는
방과 후
논술 수업

휘문고의 강점은 이외에도 또 있다. 내신 시험과 수리 논술 수업이다. 모든 학교가 다 보는 내신 시험이 뭐가 특별하기에 강점이라는 걸까? 핵심은 문제 난이도다. 다른 많은 학교 학생들은 내신을 그리 어렵지 않게 생각한다. 시험 때 벼락치기로도 좋은 점수를 받을 수 있기 때문이다. 하지만 휘문고에서는 이런 게 통하지 않는다. 특히 수학 시험은 대치동 학원가에서도 어렵기로 유명하다. 자연계열 2학년 윤성진 군은 "문제를 푼 사람보다 찍은 사람이 더 잘 본다는 우스갯소리가 있을 정도"라며 "교과서 복습하고, 기출문제와 교재를 여러 권 풀어도 좋은 점수를 받기 어렵다"고 말했다.

정부의 쉬운 시험 출제 방침과 완전히 '거꾸로'인 셈이다. 이유가 뭘까? 신 교감은 "내신과 수능이 별개라고 생각하는데 이는 잘못

된 생각"이라며 "2013학년도 수능에서 휘문고가 언어·수리·외국어 1·2등급 비율 36.6퍼센트로 서울시 1위를 할 수 있었던 것도 이런 노력 덕분"이라고 말했다. 수능은 물론 대학별 논술 시험에 나왔던 문제를 변형시켜 내신 시험에 출제하기도 한다. 사실 수학뿐 아니라 대부분 과목이 그렇다. 올해 2학년 1학기 중간고사 물리 시험에서 27점 받은 학생이 전체 340명 중 200등을 했을 정도다. 30점을 못 넘긴 학생이 150여 명이나 되는 셈이다. 이런 난이도 높은 시험은 학습 긴장도를 높이는 효과가 있다.

자사고는 우수한 학생이 많기 때문에 특목고만큼 내신 경쟁이 치열하다. '한 문제만 틀려도 2등급으로 밀려날 수 있다'는 생각이 학생들의 집중력을 높여 자연스레 심화 학습을 하도록 유도한다. 인문계열 2학년 김민규 군은 "시험이 아무리 어려워도 100점 맞는 사람이 꼭 있다"며 "그런 얘기 들을 때마다 자극받아서 공부 시간을 늘리게 된다"고 설명했다.

방과 후 과정인 수리논술 수업은 인근에 소문날 정도로 유명하다. 1학년 때부터 학기 중과 방학 기간으로 나눠서 하는데, 참여 학생 수에 따라 보통 4~6개 반을 개설한다. 1·2학년 때는 교과과정과 연계한 내용을 다루고, 3학년 때는 대학별 논술 기출문제를 풀며 실전 감각을 익힌다. 입학 후 지금까지 모든 수리논술 수업에 참여했다는 자연계열 2학년 김동우 군은 "논술뿐 아니라 수학 심화 학습을 할 수 있는 기회"라며 "1학년 때 수열을 배웠다면, 논술 시간에 수열의 수렴·발산 여부를 판정하는 식"이라고 말했다. 지난 겨울방학 때 1학년 대상으로 개설한 반은 모집 시작 3초 만에 마감됐다. 윤성진(2학년) 군은 "학원 다니는 것보다 학교 수리논술 수업이 더 효과적이라는 얘기를 많이 들었다"며 "경쟁률이 너무 높아 이번 여름방학에야 처음으로 들었다"고 말했다.

기대가 높은 만큼 수리논술 수업을 진행하는 교사의 책임이 막중하다. 매주 한 차례 진행하는 수업을 위해 교사 5명이 1주일에 적게는 3~4시간, 많게는 15시간을 투자한다. 우창영 수학 교사(진학팀장)는 "사고력을 기를 수 있는 문제를 찾기 위해 대학 교재나 수학저널 같은 다양한 서적을 참고한다"며 "힘든 일이지만 학생 실력이 향상되는 모습을 보면 밤샘 피로도 날아간다"고 말했다.

2013학년도 주요 대학 합격자 현황 (단위: 명)

학교명	재학생	재수생	합계
서울대	2 1	1 2	3 3
연세대	2 8	2 4	5 2
고려대	2 1	1 4	3 5

2013학년도 의·치·한의대 합격자 현황 (단위: 명)

구분	학교	합격자 수
의과대학	서울대	5
	연세대	6
	고려대	3
	울산대	1
	한양대	4
	중앙대	2
	아주대	3
	연세대(원주)	4
	단국대	3
	한림대	8
	인제대	1
	계명대	1
	대구가톨릭대	1
	관동대	1
	을지대	1
	서남대	2
치과대학	고신대	1
	연세대	2
	단국대	5
	원광대	3
	강릉원주대	2
한의과대학	경희대	6
	원광대	2
	상지대	1
계		**69**
졸업생		**651**

자료: 휘문고, 중복 합격자, 재수생 포함

졸업생 멘토의
학습·진로 지도

●　　　　졸업생 멘토링 프로그램도 잘돼 있다. 학교 측은 매년 3월 그해 졸업한 학생들을 학교로 부른다. 수험생을 위한 멘토를 연결해주기 위해서다. 멘티들은 이런 시간을 통해 자신이 진학하고 싶은 학교나 학과에 대한 궁금증을 해결한다. 한창 예민할 때라 교사보다 선배의 조언이 더 효과적일 때가 많다. 신 교감은 "서울대 화학과를 꿈꾸는 학생이 슬럼프에 빠져 있으면 서울대 화학과에 진학한 선배를 소개해주는 방식"이라며 "선배와의 대화를 통해 슬럼프를 극복하는 걸 많이 봤다"고 말했다.

중학교 시절 게임 중독이었다가 고등학교에 와서 성적을 끌어올려 지난해 서울교대에 진학한 정대준 씨가 유명한 멘토 중 하나다. 그에게 꾸준히 상담을 요청하는 후배가 30명이 넘을 정도다. 인문

10회 홍사용(시인)

11회 박종화(소설가)

13회 정지용(시인)

18회 백두진
(전 국무총리)

18회 전형필
(간송미술관 설립자)

21회 김유정(소설가)

21회 김영랑(시인)

29회 김성집
(대한체육회 고문)

33회 고병익
(전 서울대 총장)

46회 임영웅
(극단 산울림 대표)

50회 박근형
(연기자)

58회 김훈(소설가)

67회 손석희
(JTBC 사장)

67회 송승환
(PMC 대표)

81회 정의선
(현대차 부회장)

85회 서장훈
(전 농구선수)

87회 유지태
(연기자)

91회 이동건
(연기자)

계열 2학년 김동주 군은 "대준이 형이 학교에 와서 한문 학습법 등
을 반 애들에게 알려줬는데, 그다음 번 시험에서 우리 반이 전교 1
등을 했다"며 "좋은 선배를 만날 수 있는 게 휘문고의 힘"이라고 말
했다.

휘문고는 자율학습실 분위기가 좋기로 유명하다. 졸업생 정대준
씨가 사교육 없이 전교 3등을 할 수 있었던 것도 자율학습실의 힘이
컸다. 오전 7시부터 밤 12시까지 운영하는데 교사들이 돌아가면서

감독한다. 국어·영어·수학·사회·과학 교사가 감독할 때는 학생들이 모르는 해당 과목 문제를 질문한다. 정 씨는 "수업 끝난 뒤 바로 자율학습실에서 공부하니 흐름 안 끊기고, 친구에게 자극도 받고, 교사에게 과외를 받을 수 있어 일석삼조一石三鳥"라며 "교장·교감·부장 선생님도 자주 방문해 응원해줘 입시 지옥을 견딜 수 있었다"고 말했다.

진정한 의미의 자율을
실현하는 학교

Q 자사고에 지원한 이유는?

면학 분위기가 좋다고 소문난 게 선택에 큰 영향을 끼쳤다. 일반고에는 대학 갈 생각이 없는 학생도 많지 않나. 그런 학생 한둘이 반 전체의 수업 분위기를 망친다고 들었다. 학교 교육과정이 자유롭게 편성돼 있는 것도 장점이다. 인문·자연계열 나누는 2학년 때부터 이과는 사회 과목을 안 배우고, 문과는 과학 과목을 2시간만 한다. 기술·가정 같은 과목은 아예 안 배운다.

Q 서울 강남 지역에 중동고·세화고·현대고 등 다른 자사고도 많다. 굳이 휘문고를 선택한 이유는?

특히 중동고와 휘문고 둘을 놓고 고민한 학생이 많다. 둘 다 공부 잘하는 학교로 소문나 있지만 이 두 학교는 학교 성향이나 분위기가 많이 다르다. 대치동 부모들 사이에 휘문고는 연세대, 중동고는 고려대 분위기라는 얘기가 있을 정도다. 중동고는 학교 규칙이나 선후배 규율이 엄격한 반면 단결이 잘된다. 휘문고는 자유로운 편이다.

Q 어떤 부분이 자유로운가?

일단 학교 규율이 엄격하지 않다. 지켜야 할 최소한의 선을 넘지 않으면 최대한 학생을 존중한다. 공부에만 집중하도록 배려하는 것이다. 두발도

┃1학년 창의체험활동 시간에 하는 연극수업을 통해 학생들은 창의력과 표현력을 기른다.

파마나 염색을 하지 않는 한 심하게 단속하지 않는다. 선배 중에 여자 같
은 단발머리를 하고 다니는 사람이 있을 정도다. 엄하게 규제하지 않아
도 다들 문제를 안 일으킨다는 걸 학교가 안다. 교사와 학생 간의 신뢰가
있기 때문에 가능한 일이다.

Q 선후배 관계는 어떤가?

편하다. 어떤 자사고는 선배 앞에서 주머니에 손 넣고 있으면 뒤통수 한
대 맞는다더라. 버스에 자리가 나도 1학년은 앉지 못하고 서 있어야 한다
고 들었다. 하지만 휘문고는 다르다. 선배라기보다 옆집 형처럼 친근하
다. 인사 안 해서 방과 후에 남아 기합을 받는다거나 하는 그런 문화는 전
혀 없다.

Q 강남 지역 학생들이 대부분인지?

의외로 다른 지역 학생이 꽤 있다. 강남·서초·송파 외 지역 중학교를
졸업한 사람이 한 반에 30퍼센트다. 광진구나 관악구에서 온 친구가 많

174

다. 1학년 때는 강남과 비강남 지역 학생 간 경쟁의식 같은 게 있는데, 한 학기만 지나면 서로의 장점을 인정하고 배우려고 노력한다. 학군을 벗어나 서울 전역에서 온 학생과 함께 고교 시절을 보내는 것도 좋은 경험인 것 같다. 우물 안 개구리에서 조금 벗어나는 느낌이랄까.

Q 휘문고 오길 잘했다는 생각이 들 때는?

일반고 수업 분위기에 대해 들었을 때다. 일반고는 수학 수업 시간에 나가서 축구하는 학생도 있다더라. 선생님이 말도 없이 수업에 안 들어오는 곳도 있다고 들었다. 친구가 '수업 중'이라며 동영상을 찍어 보내줬는데, 학생들이 교실을 자유롭게 돌아다니고 있더라. 우리 학교의 쉬는 시간보다 더 정신이 없었다. 상상도 할 수 없는 일이다.

Q 수업 분위기는 어떤지?

대놓고 엎드려 자는 사람은 없다. 수업을 들으려고 노력하다가 꾸벅꾸벅 조는 학생이야 있지만, 잘 가르치는 선생님의 수업 시간엔 이런 사람도 찾기 어렵다. 학생 모두 선생님들 실력을 인정한다. 몇몇은 대치동 유명 강사보다 잘 가르친다고 소문이 나 있다. 눈에 불을 켜고 수업에 집중할 수밖에 없다.

Q 동아리 활동은 어떻게 하나?

매주 금요일에 2시간 동안 한다. 수학부·기악부·휘문모의유엔·생명과학부 등 모두 51개 동아리가 있다. 동아리 활동을 하면서 학업이나 진로에 도움을 받기도 한다. 예를 들면 의사가 꿈인 학생이 수학부에서 활동하면서 통계학이 의학에 미치는 영향을 연구·분석하는 방식이다.

10

경 기 과 학 고
궁 금 한 게 뭔 지
스 스 로 발 견 하 라

2013학년도 대학 입시 결과가 나오자 영재학교와 과학고의 희비가 엇갈렸다. 과거 과학고 텃밭이던 서울대 우선선발 전형에서 과학고 출신이 단 한 명도 합격하지 못한 반면 합격생 전원이 영재학교 출신이었다. 특히 경기과학고는 지원자의 90퍼센트인 23명이 합격해 합격률이 가장 높았다. 이 학교는 2010년 영재학교 전환 뒤 2013년에 첫 졸업생을 배출했는데, 졸업생 122명 가운데 서울대에 62명, KAIST에 95명이 합격했다(중복 합격 포함).

" **경기과학고** 학생들은 자신이 연구하고 싶은 주제를 정한 후 이를 해결하는 데 도움이 되는 수업을 신청해 수강한다. 학생 스스로 자신의 수업을 설계하는 것이다. 학교에서는 학생이 찾은 연구 주제를 해결할 수 있도록 지원을 아끼지 않는다. 기존에 없던 수업이라도 연구 주제를 해결하기 위해 학생이 새 강좌를 요구하면 외부 교사를 초빙해서라도 개설한다.

영재학교 학생은 입학사정관제 등 주로 특별전형으로 진학하기 때문에 수능을 볼 일이 거의 없다. 자연히 성적에 대한 스트레스는 일반 고등학교에 다니는 학생들보다도 오히려 낮은 편이다.

경기과학고에는 운동이나 사진, 악기 연주 등에도 능숙한 팔방미인이 적지 않다. 40여 곳이 넘는 다양한 동아리 덕분에 취미 생활을 마음껏 즐길 수 있기 때문이다. "

공부하고 싶은 것을
스스로 설계하는
시스템

경기과학고의 교과과정은 대학원과 비슷하다. 학생 각자 자신의 연구 주제를 정한 후 이를 해결하는 데 도움이 되는 수업을 신청해 수강하는 방식이다. 학생 스스로 자신이 궁금한 것을 발견하는 게 핵심이다. 연구 주제를 찾는 데만 1년 이상 투자하는 학생도 적지 않다.

학교에서는 학생이 찾은 연구 주제를 해결할 수 있도록 지원을 아끼지 않는다. 수업은 학년이나 학급 제한 없이 원하는 과목을 들을 수 있는 무학년제 시스템으로 운영한다. 기존에 없던 수업이라도 연구 주제를 해결하기 위해 학생이 새 강좌를 요구하면 외부 교사를 초빙해서라도 개설한다. 또 학교의 모든 시설은 항상 개방돼 있다. 담당 교사를 찾아 기자재 사용을 일일이 허락받을 필요 없이 공강 시간이면 자유롭게 아무 실험실에 가서 못다 한 연구에 몰두할 수 있다.

자연 탐사도 일반 고등학교와 다르다. 다른 학교처럼 단체로 학생을 데리고 다니는 게 아니라 학생이 개별적으로 연구 주제에 맞게 탐사 지역과 기간을 정하면 학교는 인솔 교사를 정해주고 탐사비를 지원한다. 김민수(물리) 교사는 "학생이 자신의 수업과 활동을 주체적으로 설계하면, 학교는 학생이 계획을 이룰 수 있게 지원해주는 시스템"이라고 설명했다.

아무리 과학 영재가 모였다 해도 고등학생 수준에서 학생 스스로 연구 과제를 찾아 성과를 내는 게 가능한 일일까?

김혁 연구부장은 "주어진 문제를 해결하는 데만 익숙한 신입생에게 '자신의 궁금증이 무엇인지 발견하라'고 주문하면 당황하고 힘들어한다"고 말했다. "쓸데없는 일에 시간 낭비하지 말고 빨리 학습 진도부터 나가라"고 요구하는 학부모도 많다. 그러나 이 학교 교사들은 신념을 꺾지 않았다.

김 연구부장은 "영재학교 전환 뒤 상위권 대학 진학률보다 학생 탐구력 신장을 목표로 삼았다"고 말했다. "이공계에 진학해 이 분야 학자로 자라야 할 엘리트라면 고교 시절에 교과 성적 관리에 치중하기보다 연구 능력을 갖추는 게 중요하다"고 판단한 것이다.

전영호 교장은 "학생들이 찾은 주제와 해결 과정이 상당히 치밀해, 대학교수가 봐도 깜짝 놀랄 것들이 많다"고 말했다.

3학년 유모 군의 '미생물을 활용해 토양 산성화를 막을 수 있는

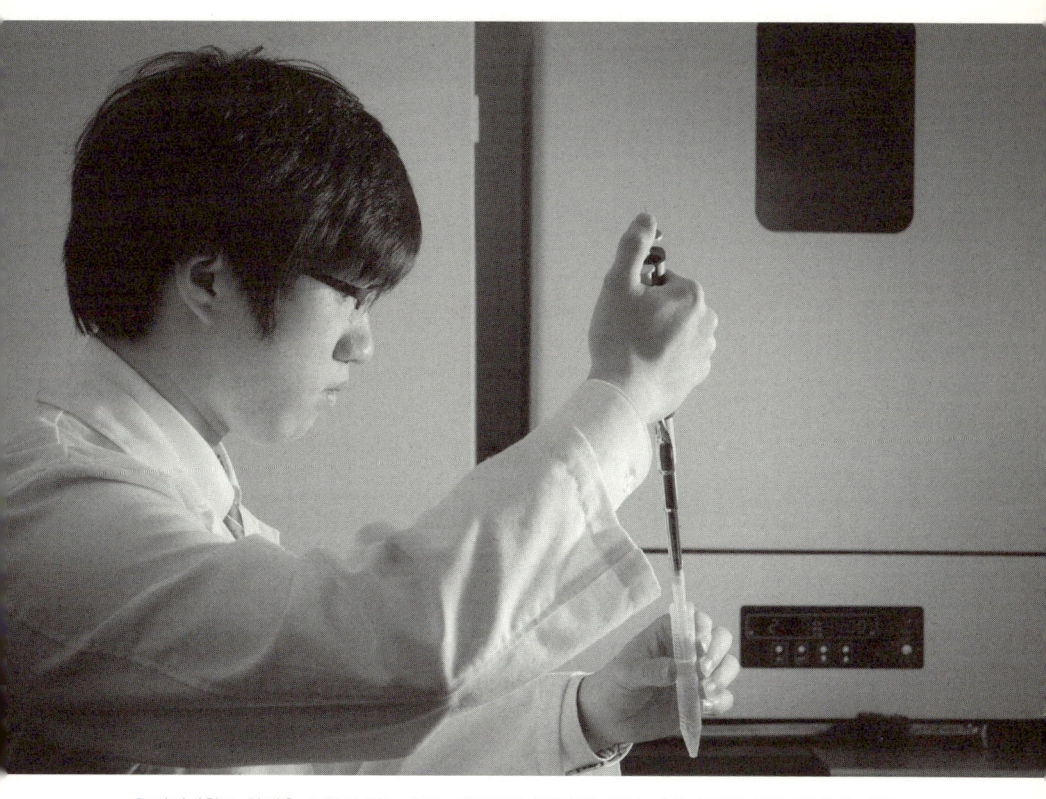

▌경기과학고 학생은 수업이 없는 공강 시간이면 연구실을 찾아 자신이 정한 연구 주제에 대한 탐구 활동을 이어간다. 연구실은 학생들이 아무때나 이용할 수 있게 늘 개방돼 있다.

방안'이 그 한 예다. 유 군은 이 주제를 찾은 이유를 이렇게 설명한다. "토양을 산성화시키는 주원인이 산성비거든요. 산성비의 주요 성분이 질산과 황산인데, 황산은 탈황장치라는 기계가 있어서 해결 가능하지만 질소는 토양에서 제거할 방법이 없어요. 그런데 교과서에서 '질소 순환 생태계'라는 내용을 배우다가 미생물을 활용하면 질소를 제거할 수 있지 않을까 싶어 연구를 시작하게 됐어요."

그런가 하면 3학년 김모 군은 조개껍데기를 이용해 생명체의 절대연령을 측정하는 연구에 푹 빠져 있다. "틈만 나면 시장에서 여러 종류의 조개를 사다 껍데기를 부숴가면서 결정 내부 구조를 들여다본다"며 "시간 가는 줄 모른다"고 말했다.

획일화된 지표로
학생들을
서열화하지 않아

연구에 몰두하면서도 입시 성적이 좋으니 비결이 궁금하지 않을 수 없다. 김민수 홍보부장은 "영재학교 학생은 입학사정관제 등 주로 특별전형으로 진학하기 때문에 수능 보는 일이 거의 없다"고 답했다. 특별전형에서는 내신 성적에 해당하는 평균 학점 GPA도 중요하지만 고교 시절 연구 활동, 그리고 자기 개발 활동과 관련한 포트폴리오가 필수적이다. 경기과학고 학생은 3년 동안 연구를 지속하면서 과학 탐구 역량의 탁월성을 입증받아 대학 진학에도 유리하다는 설명이다.

자연히 성적에 대한 스트레스는 일반 고등학교에 다니는 학생들보다도 오히려 낮은 편이다. 3학년 홍모 양은 "학생마다 시간표가 다르기 때문에 전교 석차 같은 획일화한 지표로 학생을 서열화할 수

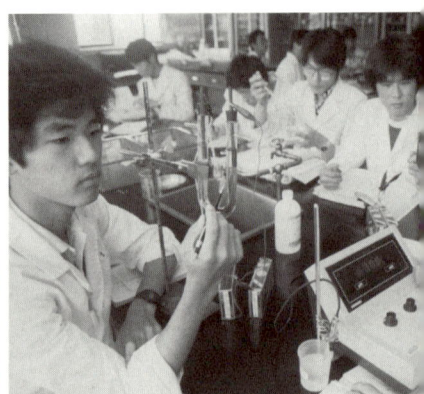

■경기과학고 학생들이 천문학 수업을 듣고 있다.(왼쪽) ■실험 실습 수업 장면.(오른쪽)

없다"며 "자기 연구 주제에 신경 쓰다 보니 남 성적에 대한 관심도 별로 없다"고 말했다.

하지만 영재학교 학생들도 수학엔 부담을 느낀다. 비중이 높은 데다 난도도 높아 중학교 때 최상위 성적을 받던 학생도 한계에 부딪히는 경우가 많다. 하지만 사교육에 의지하는 학생은 별로 없다. 전교생이 기숙사 생활을 해 학원 갈 시간이 없기도 하지만 영재학교는 교육 시스템이 워낙 달라 사교육이 성적 향상에 별 도움이 되지 않기 때문이다.

부족한 실력은 학생끼리 그룹 스터디를 하며 메워나간다. 홍 양은 "시험 기간이 되면 과목별로 실력 좋은 친구를 중심으로 스터디 그룹을 만들어 모르는 부분을 묻고 답해주는 게 일상화돼 있다"고 말했다. 그는 "시험 기간에 '노트 빌려줘'라고 문자를 보냈을 때 '싫다'고 답하는 친구는 한 명도 없다"며 "다들 '자습실 사물함에서 가져가'라고 흔쾌히 허락하고, 빌려 가는 애도 노트나 책을 훼손하지 않는다"고 덧붙였다.

영재가 모인 데다 학생 각자 연구에 몰입해 있어 밖에서 보면 공붓벌레로만 느껴지기 쉽다. 하지만 운동이나 사진, 악기 연주 등에도 능숙한 팔방미인이 적지 않다. 경기과학고의 다양한 동아리 덕분이다. 영재학교답게 과학 학술 동아리가 가장 탄탄하지만 노래 부르기나 배드민턴 등 예체능 동아리도 40개가 넘는다. 전 교장은 "교장실 바로 아래가 악기 연주실"이라며 "공강 시간이면 여기서 드럼 치고 기타 치는 소리가 심심찮게 들린다"고 말했다.

영재학교란?

영재교육진흥법 적용을 받아 전국 단위로 과학 영재를 선발할 수 있는 권한을 가진 고등학교. 과학고는 초중등교육법을 적용받아 광역시도 단위에서 신입생을 선발한다. 수업 방식도 다르다. 영재학교는 국민공통교육과정을 이수할 필요가 없으며, 무학년제로 운영한다. 과학고처럼 조기 졸업을 하는 건 불가능하다. 영재학교 지원 자격은 중학교 수학과 과학 내신 성적 2퍼센트 이내다. 과학고는 3퍼센트 이내면 지원할 수 있다.

영재학교는 경기과학고를 포함해 서울과학고·한국과학영재학교·대구과학고·광주과학고·대전과학고 등 전국에 6곳이 있다.

성적보다 대인관계가
더 중요

Q 영재학교 수업 분위기는 학구적일 것 같다.

아니다. 활기차고 재미있다. 거의 모든 수업이 발표와 조별 활동으로 이뤄져 있어 지루할 틈이 없다. 가끔 선생님이 그냥 가르쳐주면 될 걸 내가 왜 연구하고 파워포인트ᴾᴾᵀ 파일을 만들고 있나 싶을 때도 있다. 하지만 직접 발표한 내용이 확실히 기억에 오래 남더라. 발표하면서 친구들이랑 엉뚱한 실수도 하지만 정말 잘하는 친구에게 자극을 받기도 한다. 매 순간이 재미있고 의미 있다.

Q 서울 강남 지역에서는 영재학교 입학을 목표로 유아 때부터 사교육을 시킨다는데.

유아 때부터 학원 다녔다는 선후배나 동기는 보지 못했다. 본격적인 입시 준비는 중2 겨울방학 때부터 한 경우가 많더라. 딱히 강남 출신이 많은 것 같지도 않다. 그저 수학과 과학을 꾸준히 좋아한 친구들이 전국에서 모여들었을 뿐이다. 다녀보니 성적보다 적성이 중요하다. 사교육으로 좋은 성적은 만들 수 있겠지만 이공계를 좋아하게 만들 수는 없지 않은가.

Q 사교육 받지 않고 학교 수업을 따라갈 만한가?

기숙사 생활을 하기 때문에 주중에 학원 뺑뺑이를 도는 건 아예 불가능하다. 주말마다 외출할 수 있지만 집에 가는 학생이 드물다. 학습실 시설이 워낙 좋아 학교가 공부하기 편해서다. 또 부족한 과목이 있으면 학교에서 해당 과목 선생님이 특별 지도를 해주기도 한다. 과목별로 특별하게 잘하는 동기나 선배에게 물어가며 그룹 스터디를 하는데 재미있고 효과도 좋다. 사교육 필요성은 못 느낀다.

Q 기숙사 생활은 재미있나?

보통 4인 1실이나 3인 1실을 쓴다. 8주에 한 번씩 방 멤버가 바뀌기 때문에 특별히 다툴 일이 없다. 우리 학교 애들이 가장 좋아하는 시간이 기숙사 저녁점호 시간이다. 밤 12시부터 40분간 점호 준비하면서 그날 있었던 이야기를 나누고 고민을 털어놓기도 한다. 그 시간이 정말 즐겁고 소중하다. 여학생은 한 학년에 10명 남짓 정도로 숫자가 적어서인지 관계가 더 돈독하다. 생일 때마다 한방에 모여 케이크를 나눠 먹는다. 남자 친구 사귀는 애가 있으면 장난삼아 놀리기도 한다.

Q 이성 교제를 하는 학생이 많나?

많지는 않아도 있다. 학교에서도 이성 교제에 대해 별로 관여하지 않는다. 문제를 일으킨 적이 없으니 선생님들이 믿어주는 눈치다. 특히 우리 학교 여학생이 워낙 남학생에게 관심이 없다. 다들 털털하고 무덤덤한 스타일이라 외모를 꾸미는 일도 드물다. 전교생 수가 워낙 적다 보니 남녀를 떠나 다들 친하게 어울려 지낸다.

Q 학과 공부에, 개인별 연구 논문 준비, 거기에 동아리 활동까지, 정말 바쁘겠다.

아니다. 정말 많이 논다. 일반고 학생보다 자유 시간이 훨씬 많기 때문이다. 고3이 되면 학교에서 보내는 시간 중 절반가량이 공강 시간이다. 졸업할 때까지 172학점을 이수하면 되는데, 1학년 때가 가장 바쁘고 학년이 올라갈수록 여유가 있다(경기과학고 한 학기당 이수 학점은 1학년이 필수 28학점에 실험 16학점, 2학년은 25학점, 3학년은 17학점이다). 그렇다고 멍하니 자유 시간을 허비하는 일은 별로 없다. 다들 공부도, 동아리 활동도 집중력 있게 확실하게 하는 편이다. 그래서 매 순간 뭔가를 성취하고 있다는 희열감이 든다.

Q 경기과학고 진학을 꿈꾸는 학생에게 당부하고 싶은 말은.

겁내지 말고 도전하라는 거다. 수업만 잘 따라가면 부족한 공부는 충분히 보충할 수 있다. 성적보다 더 신경 써야 할 건 대인관계다. 자기만 생각하는 이기적인 태도로는 학교생활에 절대 적응할 수 없다. 각자가 아는 내용을 서로 가르쳐주다 보면 시너지가 나서 전혀 새로운 아이디어가 나오기도 한다. 개방적인 마음 자세와 소통 능력을 갖춘 후배가 많이 들어왔으면 좋겠다.

머리보다 가슴, 4단계에 걸쳐 과학에
헌신하고자 하는 영재 선발

"영재학교는 미래의 과학자를 양성하는 학교입니다. 과학에 재능과 열정이 있는 학생을 선발해 과학자로서의 역량과 마음가짐을 심어 주는 게 영재학교의 설립 목적이지요."

김민수 홍보부장은 "의대를 가고 싶어 하는 학생보다 과학에 헌신하고자 하는 학생이 영재학교에 올 자격이 있다"고 말했다.

미래 과학도가 갖춰야 할 소양으로는 창의성·도전정신·인성을 꼽았다. "엘리트, 즉 영재를 판별할 때 머리(지적인 능력)만 본다고 생각하지만 아닙니다. 더 중요한 게 가슴(인성)입니다. 자신이 발견한 과학 이론이나 기술이 인류에 어떤 영향을 미칠지 치열하게 고민할 줄 모른다면 훌륭한 과학자라 할 수 없죠."

입학 전형에도 인성을 갖춘 과학도를 선발하려는 의지가 반영돼 있다. 1차에서는 학교생활기록부·자기소개서·추천서·영재성 입증 자료 등 4가지 서류를 통해 기본 역량을 검증한다. 전국에서 2500명 정도가 지원하는 데 2000명 이상 통과시킨다. 2단계에서 영재성 검사를 한다. 수학·과학 과목에 대한 통합 질문이나 창의성을 검증하는 내용이다. 교과 지식 외에 유추해서 풀어야 하는 고난도 문제로 구성한다. 2단계에서 1700명 이상이 대거 탈락한다.

3단계부터는 심층 면접을 통해 과학도로서의 잠재력과 함께 인성 검증을 시작한다. 1단계에 제출한 서류, 특히 영재성 입증 자료의 진위 여부도 여기서 판별한다. 서류 내용에 거짓이 있으면 입학을 취소한다. 김 홍보부장은 "간혹 영재성 입증 자료에 대해 물으면 '기억이 안 난다'고 얼버무리는 학생이 있다"며 "이런 학생은 사교육이나 컨설팅 업체를 통해 서류를 준비한 게 아닌지 의심할 수밖에 없다"고 말했다.

  인성 평가를 위해 갈등 상황에 대한 질문도 많이 한다. 예컨대 "수업 시간에 스마트폰으로 자료를 검색하는데 교사가 제재를 가한다면 어떻게 행동하겠느냐"고 물어보는 식이다. 김 홍보부장은 "조별 활동이나 팀별 연구처럼 협업으로 이뤄지는 수업이 많다"며 "자기 공부만 챙기는 이기적인 학생보다는 상대를 배려할 줄 알고 융화력이 좋은 학생을 선호한다"고 밝혔다.

  4단계 전형은 창의성 캠프다. 토론과 연구 설계로 학생을 평가한다. 토론 평가에서는 학생들에게 같은 주제에 대한 찬성 측과 반대 측, 그리고 평가단의 역할을 계속 바꿔 맡기며 논리적 사고력을 검증한다. 연구 설계는 개별 평가다. 주어진 탐구 주제를 해결할 수 있는 이론적인 계획서를 작성하거나 실제 실험을 해 보이면 된다. 팀 미션도 주어진다. 지난해에는 6명이 1팀을 이뤄 '풍선으로 도버해협을 건넌 사람'에 대한 신문 기사를 읽은 뒤, 이를 실현할 수 있도록 실험을 설계하라는 문제가 나왔다. 김 홍보부장은 "팀 미션을 통해 하나의 주제를 다양한 각도에서 접근해 창의적으로 해결할 수 있는 능력을 평가한다"고 얘기했다.

　최종 합격 인원은 지원자 2500여 명 가운데 120명이다. 합격률이 5퍼센트도 채 안 된다. 여학생 합격자는 매년 10명 남짓이다. 경기도 교육청의 장학관과 대학교수, 경기과학고 교사 등으로 구성된 심의위원회의 합의에 따라 합격자를 결정한다. "학교 입학담당관의 권한이 큰 자사고나 특목고와 달리 영재학교는 심의위원회를 통해 입학생을 선발하기 때문에 전형 과정이 투명하게 관리된다"는 게 경기과학고의 설명이다.

하루를 이렇게 보내요

시간	일과
6:30~6:40	기상 · 운동장 점호
6:40~7:50	아침 식사, 자유 시간(잠자거나 자율학습)
7:50	등교
8:10~12:00	수업(각자 시간표에 따라 수업과 공강 시간이 다름)
12:00~12:50	점심식사
12:50~16:20	수업(각자 시간표에 따라 수업과 공강 시간이 다름)
16:20~16:40	종례
17:30~18:30	저녁식사
18:30~21:00	특강 · 자율학습 · 실험 · 동아리 활동 등 자유 시간
21:00~21:50	간식(신청자만)
21:50~23:00	특강 · 자율학습 · 실험 · 동아리 활동 등 자유 시간
23:00~0:00	세면 등 저녁점호 준비
0:40	소등 후 전원 취침

11

한 성 과 학 고
인 성 을 겸 비 한
과 학 영 재 의 산 실

국가경쟁력이 기초과학에 달려 있다고들 한다. 과학 인재 양성이 국가 발전에 직결된다는 얘기다. 공교육에서 기초과학 분야 인재 양성을 위한 특화 교육은 과학고와 영재학교가 맡고 있다. 특히 조기 졸업이 가능한 과학고엔 일찍 자신의 진로로 나아가고 싶어 하는 과학 영재가 몰린다. 한성과학고는 올 졸업생 가운데 대다수가 이공계로 진학했다. 김득호 교장은 "수업을 따라가다 보면 이공계에 흥미가 생길 수밖에 없다"고 말했다.

한성과학고 학생들은 교육과정 내에서 수학, 과학에 대해 깊이 생각하고 토론하고 연구할 기회가 많다. 일반 고등학교에 비해 수학, 과학 수업이 월등히 많으며, 탐구와 토론 위주로 진행되는 시간도 많다. 그리고 물리, 화학, 생물, 지구과학 실험실이 12개나 있어 관심 분야를 집중적으로 탐구하고 실험할 수 있는 여건이 조성되어 있다. 모든 학생들이 한 학기에 1~2편의 논문을 작성하며, 쉬는 시간에는 친구들끼리 수학, 과학에 대한 심도 있는 대화도 많이 나눈다.

그렇지만 한성과학고가 수학, 과학 실력 향상에만 집중하는 것은 아니며, 인문적 소양을 양성하는 데도 열정적이다. "과학 인재는 골방에서 연구하는 사람이 아니며 함께 연구하며 우리나라의 미래를 이끌어가는 리더로 성장해야 한다"는 교육철학 때문이다. 한 학기에 2주일간 독서주간이 진행되며, 시나 소설을 읽고 느낌을 음악과 함께 발표하는 '낙서(樂書)마당' 등의 행사도 인기가 있다.

'**골방**의 **과학자**'에서
벗어나길 **주문**하는
교육철학

한성과학고의 교육 방법은 한마디로 '깊이 탐구하고 고민하기'다. 과제가 주어지면 실험을 설계하고 수행한 후 연구 결과를 팀원들과 함께 토론하고 결과를 분석한다. 간단히 엑셀을 사용해서 분석하기도 하고 여러 소프트웨어를 사용하기도 한다. 결과를 분석하는 데 필요하다고 생각이 들면 학생들이 스스로 소프트웨어를 만들어 학급 친구들과 함께 쓰고 인터넷상에 올려놓기도 한다.

한성과학고 교사들은 수학, 과학 이론을 그 이론이 탄생하게 된 역사적 배경, 배워야 하는 이유, 실생활에 적용되는 사례 등등을 들어가며 전체적인 흐름을 파악할 수 있도록 가르쳐준다. 그러면 다른 분야의 과학 이론에 해박한 학생들이 그 이론에 접근하는 새로운 방법을 교사에게 제시하기도 하는데, 그럴 때면 자연스럽게 학

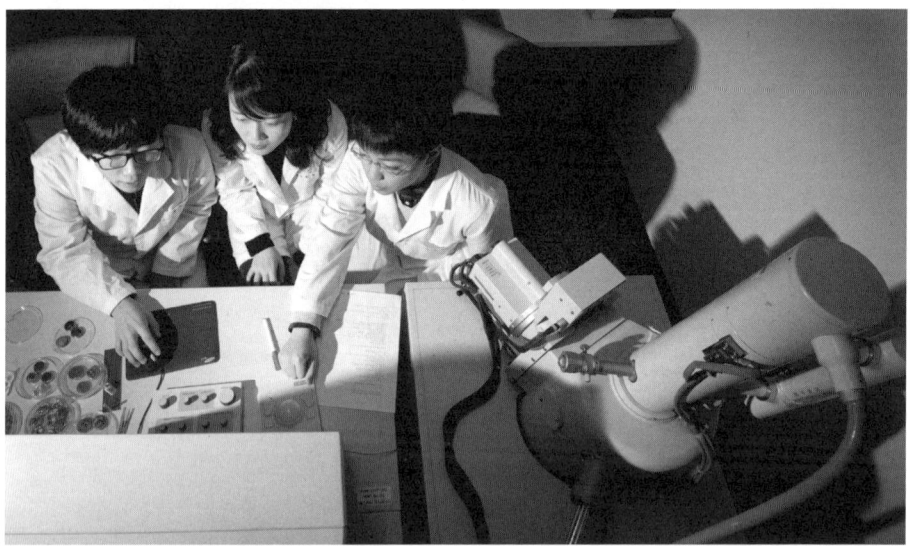

▍R&E실(위). ▍전자현미경실(아래).

급 전체가 토의를 벌이게 된다. 이런 과정을 거치며 책에서 얻은 지식들이 유기적이고 융합적인 지식으로 변하게 된다. 3학년 김모 군은 "한성과학고의 수업은 융합적 사고력과 새로운 접근 방법의 집합체"라고 할 수 있다며 뿌듯해했다.

한성과학고에서는 교내의 수학·과학 선생님 및 대학교 전문가들과 함께 '과제 연구'를 진행하는데, 학생들이 문제가 잘 풀리지 않아 힘들어하면 답을 알려주기보다는 스스로 답을 찾아나갈 수 있도록 도와준다. 학교는 DBPia와 연계하여 학생들이 무료로 자료를 다운받을 수 있도록 해주며 학생들은 기존의 연구를 공부하여 본인의 연구 방법을 찾아나간다. 학생들은 이런 과정 속에서 많은 것들을 배우며 훌륭한 논문을 작성한다.

과제 연구가 학생 주도 프로그램이라면 R&E는 대학에서 1년 동안 연구 지도를 받는 것이다. 고교생이지만 대학교수의 연구 프로젝트 일원이 돼 대학이나 연구소의 연구 진행 방식을 체험한다. 교수 1명이 학생 4명을 지도한다. R&E 프로그램은 과학고나 영재학교 외에 일부 자사고나 일반고에서도 시행하고 있지만, 다른 학교들이 성적 우수자나 올림피아드 입상자 등으로 R&E 참여를 제한하는 데 반해 한성과학고는 전교생에게 참여 기회를 준다는 특징이 있다.

일상이 된,
뜨거운
토론 문화

영재만 모였다는 과학고 수업 분위기는 어떨까? 수학 교사는 "문제 풀이 하나도 그냥 넘어가는 법이 없다"고 혀를 내둘렀다. 수학 문제 하나를 놓고도 학생들이 제각각 "이런 풀이 방법이 더 좋지 않냐"며 아이디어를 쏟아내기 때문이다. 한 교사는 "그냥 두면 자연스럽게 토론이 벌어진다"며 "(교사인) 내가 가르치는 것보다 학생끼리 배우는 게 더 많다"고 말했다.

과학 시간에는 토론 분위기가 한층 더 뜨거워진다. 정모 생물 교사는 "유전자조작이나 줄기세포 등 의견이 첨예하게 대립되는 논쟁적인 주제가 나오면 심도 있는 토론이 이뤄진다"고 얘기했다. 생명공학자가 되고 싶다는 2학년 학생은 "과학자가 되고 싶은 학생이 모였기 때문에 과학 발전의 영향력이나 과학 윤리에 대한 고민을 항

▌누벨상 수상자 초청 강연회에 참석한 학생이 강연자에게 꽃다발을 건네고 있다.

상 한다"며 "피상적 토론이 아니라 '앞으로 나라면 어떻게 해야 할까'를 고민하면서 마음속 이야기를 털어놓는다"고 말했다.

이런 학생들을 위하여 인문학 교육에도 많은 노력을 기울이고 있다. 독서를 권장하기 위해 독서 발표회나 명사 초빙 강연회 등도 개최한다. 김 교장은 "과학 인재는 골방의 전문가가 아니라 한국 미래를 이끌 리더로 성장해야 한다"며 "세상과 사람에 대해 생각할 수 있는 기회를 반드시 마련해줘야 한다"고 강조했다. 추천도서는 교과별로 선정한다. 사회 교과에서는 《한국 근대사 산책》(강준민), 수학 교과에서는 《100년의 난제 푸앵카레 추측은 어떻게 풀렸을까?》(가스가 마사히토)를, 지구과학 교과에서는 《가이아》(제임스 러브록)를 각각 추천하는 식이다. 이 학교 박모 역사 교사는 "과학고 학생은 문학이나 사회과학 책을 읽어도 과학 분야와 연결 지어 영감을 받아 새 연구 주제를 만들어낸다"며 신기해했다.

수능 부담 없이
학교 교육과정에
집중하다

과학고 학생은 교과 수업은 물론 각종 연구를 하며 보고서를 제출해야 하고, 독서 지도까지 받아야 하므로 잠시도 쉴 짬이 없어 보인다. 그러나 2학년 정모 군은 "바쁜 건 사실이지만 다양한 활동을 하는 것이 부담이 되기보다는 즐겁다"며 웃었다. 과학고 학생들은 다른 학교 학생들에 비해 수능 시험에 대한 부담감이 덜하다. 대다수 재학생이 수시 전형으로 대학에 진학하는 까닭에 수능 준비에 매달릴 필요 없이 다양한 활동을 경험할 수 있기 때문이다.

한성과학고 학생의 끼를 확인할 수 있는 시간은 학급주관발표회다. 학급 단위 대항전으로 벌이는 일종의 교내 축제인데, 학급별로 뮤지컬이나 합창, 연극 등 반 전체가 호흡을 맞춘 작품을 올린다. 원작을 베껴서 올리는 일은 거의 없고 학급 개성에 맞게 각색한다.

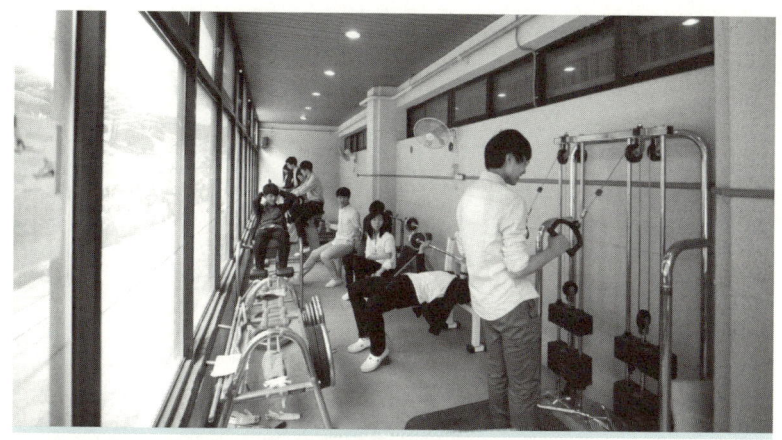

▍한성과학고는 학생들의 건강에 신경을 많이 쓴다. 체력단련실에서 운동을 하고 있는 학생들의 모습.(위) ▍체육대회 때 농구를 하고 있다. 한성과학고는 서울지역 과고 연합 체육대회에서 3년 연속 1위를 했다.(아래)

외부인은 과학고 학생이라고 하면 수학·과학만 잘할 거라고 오해한다. 하지만 한성과학고 학생들은 프로젝트 연구 수업, 독서와 토론 등 다양한 융합 수업을 받기에 전 영역 성적이 두루 높은 영재로 성장해나간다. 학기 말에 열리는 '낙서樂書마당'이라는 행사도 인문학적 소양을 기르는 데 큰 도움을 준다. 낙서마당은 학생들이 한 학기동안 읽은 시와 책에 대한 감상을 발표하는 행사로, 평소 읽은 감명 깊은 시의 구절들을 나름대로 해석해서 발표하거나 자신이 읽은 책에 대한 비판과 공감을 나눈다. 이를 통해 학생들은 새로운 분야의 도서들을 자연스럽게 접하고, 그 과정에서 '인문학 힐링'을 하게 된다.

이공계 기피 현상 심화로 우수 학생이 이공계를 외면하는 현실 속에서 이 학교 학생들은 이공계로 진학하는 데 대한 두려움이 없을까. 1학년 신모 군은 "선배들을 보면 오히려 이공계에 대한 확신이 생긴다"고 말했다. 한성과학고는 졸업생과 재학생을 멘토·멘티로 연결해준다. 이를 통해 재학생들은 선생님께 배울 수 없는 생생한 현장 정보를 선배에게 얻는다. 신 군도 선배의 조언을 듣고 신로를 구체화했다. 그는 "대학에서는 기계공학과를 전공하고, 이후에 MBA(경영학 석사) 코스를 밟아 이공계 출신 CEO가 되고 싶다"고 포부를 밝혔다.

학교에서는 학생들의 학습뿐만 건강에도 많은 신경을 쓴다. 학생들은 아침마다 태권도와 필라테스를 하고, 밤 12면 무조건 소등, 전원 취침한다. 교무부장은 "내버려두면 경쟁심 때문에 밤새워 공부만 한다"며 "공부는 100m 달리기가 아니라 마라톤이니 체력을 관리해줄 필요가 있다"고 설명했다. 그래서인지 한성과학고는 서울 3개 과학고 연합체육대회에서 연거푸 우승해 우승 깃발을 학교에 영구 보관하고 있을 정도로 학생들의 기초 체력과 운동 능력이 뛰어나다. 각 종 시험이 끝나면 점심시간마다 학교 운동장은 축구를 하는 학생들로 붐비고 체육관은 농구와 배드민턴, 탁구, 농구를 하는 학생들로 가득 찬다.

좋아하는 공부를
함께 나눌 수 있어 행복

Q 중학교 때 엄청난 우등생이었겠다.

아니다. 수학·과학은 1~2등이었지만, 100등 밖인 과목도 있었다. 과학고에 걸맞게 수학·과학에 재능이 있는 학생을 선발하는 것 같다.

Q 좋아하는 과목이나 실력이 다들 비슷하니 성적 관리가 힘들겠다.

쉽지 않다. 게다가 과목별로 지존들이 몇 명씩 있다. 아무리 공부해도 도저히 따라갈 수 없는 막강 실력자들 말이다. 1학년 때는 그런 친구들을 보면서 좌절했다. 조금 지나니 모르는 걸 그 친구한테 물어보면 되니 오히려 좋더라. 성적 때문에 힘들 때는 선생님이 큰 힘이 된다. 어떻게 공부할지 구체적으로 조언해주신다.

Q 사교육은 많이 받는지?

천차만별이다. 한 과목 정도 학원에 다니는 친구가 있는가 하면 스스로 공부하는 친구도 많다. 학원에 다니는 친구들도 학원에 전적으로 의지하는 건 아니다. 학원에 대한 의존도가 떨어지는 이유는 학원 강사보다도 선생님들이나 옆 친구한테 물어보는 게 낫기 때문이다.

Q 자기 공부 하기도 바쁜데 다른 친구 도와줄 시간이 있나?

학교 분위기가 정말 좋다. 모두 함께 잘되도록 돕자는 분위기다. 노트 필기는 물론 프린트물까지 전부 공유한다. 누가 물리 노트 정리 잘했다고 소문이 나면 전교생이 다 그 노트를 복사해서 본다. 누가 힘들어하면 기숙사 같은 방 친구가 자습 시간을 빼서 상담해주고 그런다.

Q 기숙사 생활은 어떤가?

4명이서 한방을 쓴다. 수학, 과학을 좋아한다는 공통점이 있고, 많은 시간을 함께하기 때문에 가족처럼 친한 사이가 된다. 이렇게 재밌고 편안한 친구들은 공부할 때는 토론 상대로서 과학을 깊이 이해하도록 도와주고, 힘든 일이 생기면 고민을 함께 공유하고 나누는 휴식처도 되어준다. "아까 수업 시간에 들은 거 있잖아" "너 과제 연구는 어떻게 하고 있어"라며 의견을 나눈다. 취침 준비하면서 이렇게 이야기하다 보면 막혔던 문제가 풀리기도 한다. 혼자 지내면 이런 아이디어 교환이 안 되니 답답할거 같다.

Q 학교생활 중 가장 마음에 드는 부분은 뭔가?

돈독하고 끈끈한 선후배 관계다. 한성과학고는 전 학년 학생 수가 300명 정도밖에 되지 않고, 한성과학고만의 선후배 간 전통과 약속(급식 줄 양보하기, 복도에서 서로 인사 나누기, 학번 선후배 찍 등)이 있어서 사이가 굉장히 돈독하고 선배는 후배를 위해, 후배는 미래의 후배를 위해 도와가며 생활한다. 졸업한 각계각층의 선배님들은 R&E 연구의 지도교수님이 되어 학생들을 지도해주기도 하고, '직업인 선배와의 만남', '선배들이 들려주는 전공 이야기' 같은 학교 행사에 참석해 이공계와 인생에 대한 소중한 조언들도 해준다.

Q 과학고 온 걸 후회한 적은 없나?

가끔 후회할 때도 있지만 '과학고 안 왔으면 어쩔 뻔했나' 하는 생각을 더 자주 한다. 중학교 때까지만 해도 수학이나 과학 좋아한다고 하면 '재수 없다'거나 '잘난 척한다'고 싫어하는 친구들이 많았다. 여기서는 수학·과학에 빠져 있는 친구들과 좋아하는 걸 공유할 수 있어서 행복하다.

Q 과학고에 진학하고 싶어 하는 후배들에게 조언해줄 말이 있다면?

잘하는 것과 좋아하는 건 다르다. 과학고는 수학과 과학을 좋아하는 사람이 와야지, 성적이 좀 잘 나온다고 해서 오면 안 될 것 같다. 워낙 수학과 과학 수업이 많고 연구 과제며 R&E가 생각보다 훨씬 힘들다. 좋아하니까 하는 거지, 이 분야를 별로 좋아하지 않으면 얼마 못 가서 지칠 것이다.

지원자 학교 방문해 학생 다면 평가

"중학생에게 높은 수준의 과학 지식과 기술을 요구하지 않습니다. 다만 흥미와 적성이 있는 학생을 발굴하고자 합니다."

정주혜 입학홍보부장은 한성과학고 입학 과정을 "한 줄 세우기가 아닌 여러 줄 세우기"라고 설명했다. 성적이라는 한 가지 기준만으로 등수를 매겨 당락을 가르는 대신 지원자를 다양한 기준으로 살펴 합격자를 고른다는 얘기다. 다시 말해 중학교 내신 성적이 좋아 3년 내내 수학·과학 100점을 받았더라도 합격 보증수표를 받은 건 아니라는 의미다.

한성과학고는 서울 지역 거주자만 지원할 수 있는 특수목적고등학교다. 입시는 100퍼센트 자기주도학습 전형으로 이뤄진다. 평가는 서류 평가와 면접으로 나뉘는데, 서류(자기소개서와 추천서) 평가와 면접을 두 번 한다.

자기소개서에는 지원 동기와 진로 계획, 성장 과정, 독서, 인성 요소 등을 기록한다. 올림피아드 등 교내외 각종 대회 입상 실적이나 영재교육원 교육 수료 여부, 수학·과학 교과 능력 시험이나 인증 시험 점수 등을 기재하면 오히려 불이익을 받는다. 교사 추천서도 중요하다. 지원자와 가장 많은 시간을 보낸 중학교 교사가 관찰한 내용이 학생 평가에 큰 영향을 끼친다. 면접에서는 이 두 서류 내용을 바탕으로 진위 여부를 판별하고, 서류에 담지 못한 학생의 잠재력을 발견하는 데 주안점을 둔다.

두 번의 면접 중 첫 번째는 방문 면접이다. 지원자의 중학교를 입학사정관이 찾아가 담임교사는 물론 수학·과학 교사를 만나 학생에 대해 질문한다. 정 부장은 "수업 태도나 교우 관계 등 다양한 정보를 얻는다"고 설명했다. 지원자와는 1시간 가까이 만나기도 한다. 중학교로 찾아가 친근한 분위기에서 이런저런 이야기를 나누며 평소의 꾸밈없는 모습을 보는 것이다.

두 번째가 소집 면접이다. 한성과학고로 불러 하루 동안 진행한다. 소집 면접에서는 면접관 3명이 학생 1명에게 질문하는데, 공통 질문과 개별 질문으로 진행된다. 개별 질문은 이런 식이다. "과학 실험 시간에 네가 조장을 맡았다면 과학 상식이 풍부한 친구와 인간성이 좋은 친구 중 누구를 조원으로 선발하겠느냐"고 묻는다. 정답은 없다. 면접관은 학생이 설명하는 선택 이유를 듣고 점수를 매긴다. 개별 질문 시간은 10~15분 정도다.

김득호 교장은 면접을 강조하는 이유를 "학생의 알맹이를 보기 위한 것"이라고 설명했다. 사교육 도움을 받아 스펙을 만들고 서류를 작성한 학생은 소집 면접에서 거의 가려진다는 것이다.

하루를 이렇게 보내요

시간	일과
6:20	기상
6:20~7:00	운동장에서 아침 운동(1학년: 태권도, 2학년: 필라테스, 3학년: 건강 달리기)
7:00~7:40	세면, 아침 식사(학교 식당)
7:45	등교
7:45~8:00	조회
8:00~11:50	오전 수업
11:50~12:50	점심 식사(학교 식당)
12:50~15:40	오후 수업
15:40~16:00	종례 및 청소
16:00~17:50	방과 후 수업
17:50~18:30	저녁 식사(학교 식당)
18:30~21:00	자율학습
21:00~21:30	간식(신청자만 학교 식당에서)
21:30~23:30	자율학습
23:30~0:00	취침 준비
0:00	전원 취침

한성과학고 과목별 추천 도서

과목	도서명	저자	비고
국어과	한글	김영욱	전 학년
	책 읽는 소리	정민	전 학년
	정답을 넘어서는 토론학교-과학	가치를꿈꾸는 과학교사모임	전 학년
	권태	권태	전 학년
	열하일기 웃음과 역설의 유쾌한 시공간	고미숙	전 학년
	어느 가슴엔들 시가 꽃피지 않으랴	정끝별 외	전 학년
사회과	정치학으로의 산책	21세기정치연구회	전 학년
	대한민국 기업흥망사	공병호	전 학년
	맨큐의 경제학	그레고리 맨큐(김경환·김종석 역)	전 학년
	옛 지도를 들고 서울을 걷다	이현군	전 학년
	한국 근대사 산책	강준만	전 학년
	우리는 차별에 찬성합니다	오찬호	전 학년
수학과	미적분학 갤러리	윌리엄 던햄 (권혜승 역)	전 학년
	수학의 역사(상, 하)	칼 B. 보이어 (양영오 역)	2학년
	페르마의 마지막 정리	사이먼 싱 (박병철 역)	전 학년
	문명, 수학의 필하모니	김홍종	전 학년
	수학나라에 바보는 없다	존 앨런 파울로스 (박래식 역)	전 학년
	수학콘서트 플러스	박경미	전 학년
	수학 그리고 유머	존 앨런 파울로스 (박영훈 역)	전 학년
	위대한 수학문제들	이언 스튜어트 (안재권 역)	전 학년
	100년의 난제 푸앵카레 추측은 어떻게 풀렸을까?	가스가 마사히토 (이수경 역)	전 학년

과목	도서명	저자	비고
생물과	Secret Lives of Ants	Jae Choe (최재천)	원서
	나의 생명수업	김성호	전 학년
	지상 최대의 쇼	리처드 도킨스 (김명남 역)	전 학년
	줄기세포 발견에서 재생의학까지	샐리 모건 (최강렬 역)	전 학년
	생물과 무생물 사이	후쿠오카 신이치 (김소연 역)	전 학년
	바이러스 행성	칼 짐머(이한음 역)	전 학년
지구과학과	46억 년의 생존	다지카 에이이치 (김규태 역)	전 학년
	빅뱅우주론 강의	이석영	전 학년
	3일 만에 읽는 우주	후쿠에 준 (정난진 역)	전 학년
	가이아	제임스 러브록 (홍욱희 역)	전 학년
	과학일시정지	가치를꿈꾸는 과학교사모임	전 학년
정보과	정보는 아름답다	데이비드 맥캔들리스 (이정인 역)	전 학년
	정보 보안 개론	양대일	전 학년
	미래를 바꾼 아홉 가지 알고리즘	존 맥코믹 (민병교 역)	전 학년
예체능과	운동화 신은 뇌	존 레이티·에릭 헤이거먼 (이상헌 역)	체육
	야구의 물리학	로버트 어데어 (장석봉 역)	체육
	스포츠문화를 읽다	이노우에 슌, 가메야마 요시아키 (김정효 역)	체육
	(에드워드 사이드의) 음악은 사회적이다	에드워드 사이드 (박홍규 역)	음악
	(청소년을 위한) 한국음악사	민경찬 지음	음악

과목	도서명	저자	비고
물리과	수학을 낳은 위대한 질문들	토니 크릴리 (박병철 역)	전 학년
	부분과 전체	하이젠베르크 (김용준 역)	전 학년
	아인슈타인이 이발사에게 들려준 이야기	로버트 L. 월크 (이창희 역)	전 학년
	세 바퀴로 가는 과학 자전거	강양구	전 학년
	물리학 시트콤	크리스토프 드뢰서 (이우일 그림, 전대호 역)	전 학년
	파인만의 여섯 가지 물리 이야기	리처드 파인만 (박병철 역)	전 학년
	파인만 씨 농담도 잘하시네	리처드 파인만 (김희봉 역)	전 학년
	해상시계	데이바 소벨 (김진준 역)	전 학년
	자연과학의 세계 1, 2	김희준	전 학년
	물리상식백과	절 워커(김영태·김태완·남석우 역)	전 학년
	엘러건트 유니버스	브라이언 그린 (박병철 역)	전 학년
화학과	원소의 왕국	피터 앳킨스 (김동광 역)	전 학년
	화학에서 인생을 배우다	황영애	전 학년
	화학의 역사	존 허드슨 (고문주 역)	전 학년
	퀴리 부인은 무슨 비누를 썼을까	여인형	전 학년
	원소의 세계사	휴 앨더시 윌리엄스(김정혜 역)	전 학년
	화학 교과서는 살아 있다	박태현 외 저	전 학년

과목	도서명	저자	비고
외국어과	The Grapes of Wrath	John Steinbeck	영어
	The Sign of the Beaver	Elizabeth George Speare	영어
	Maniac Magee	Jerry Spinelli	영어
	Long Walk to Freedom	Nelson Mandela	영어
	The Culture Code	Clotaire Rapaille	영어
	Kira-Kira	Kadohata	영어
	Reason for Hope	Jane Goodall	영어
	Walk Two Moons	Sharon Creech	영어
	The Tiger Rising	Kate DiCamillo	영어
	Hatchet	Gary Paulsen	영어
	King Sejong the Great	Diamond Sutra Recitation Group	영어
	Please Look After Mom	Kyung-Sook Shin, Chi-Young Kim	영어
	만사형통	쑤퉁	중국어
	인생	위화	중국어
	산사나무 아래	아이미	중국어
	자금성의 황혼	레지널드 존스턴	중국어
	도련님	나쓰메 소세키	일본어
	인간실격	다자이 오사무	일본이

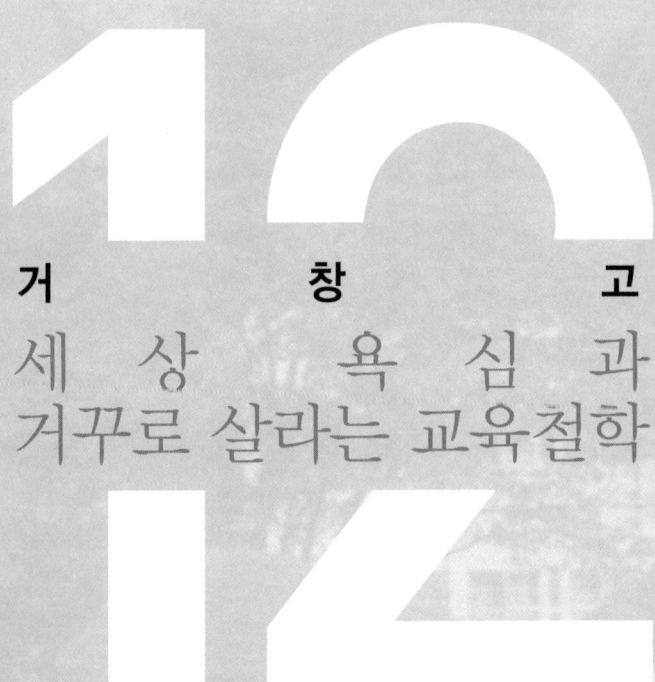

12

거   창   고
세 상 욕 심 과
거꾸로 살라는 교육철학

학생들의 자율성을 최대한 인정해주고 교사는 학생회가 결정한 사안을 도와주는 역할을 한다는 게 거창고의 기본 운영 방침이다. 이런 식으로 어떻게 학생을 가르칠까 싶지만 오히려 진학률은 놀라울 정도로 높다. 지난해 졸업생 114명 가운데 113명이 4년제 대학에 입학했다. SKY(서울대·연세대·고려대)에 27명, KAIST 1명, 교육대학 6명 등 수도권으로 77명, 지방대학엔 36명이 진학했다.(중복 합격 제외)

거창고는 학생들의 자율성을 최대한 인정해준
다. 신입생 중에는 자율성을 강조하는 거창고의 독
특한 분위기에 어리둥절해하는 학생도 꽤 있을 정
도다. 그런데 학력은 스파르타식 교육을 하는 학
교들보다도 더 높다.

학생에게 온갖 자율권을 주는 데다 주변에 변변한
학원 하나 없는 시골 학교가 이처럼 높은 학력을
유지하는 비법은 '수업의 내실화와 철저한 자율학
습'에 있다. 거창고는 유난히 자율학습 시간이 많
다. 4시 50분이면 교과수업이 끝나고 전원 취침
시간인 새벽 1시 30분까지 자율학습이 이어진다.
영어와 수학은 자율학습 시간을 이용해 교사에게
일대일 지도를 받을 수도 있다.

학생들의 **자율성**을
강조하는
독특한 분위기

봄예술제 3일, 봄소풍 1박 2일, 가을예술제, 한나눔터.
거창고 학생회가 한 해 동안 주관하는 굵직한 행사만 이렇게 네
가지다. 이 외에도 합창제, 이웃돕기 바자회, 학생회장단 직접 선거
도 축제처럼 치러진다. 행사는 길어야 3일이면 끝나지만, 기획 단계
부터 운영·결산까지 행사 하나당 한 달은 족히 쏟아부어야 한다.
학교는 학생회의 결정에 따라 필요한 비용을 지원하고, 교사는 날
그대로 참관만 한다. 동아리 조직이나 방과 후 수업, 특강 프로그램
도 학생 건의 사항을 우선적으로 반영해 운영한다. 김선봉 교장은
"학교의 주인은 학생이고, 시행착오도 교육"이라며 행사에 대한 모
든 일을 학생에게 맡기고 있다.

혹시 이를 시간 낭비로 여기는 학생은 없을까. 2학년 위모 군은

▍거창고 학생은 축제 기획부터 결산까지 스스로 한다. 축제 장면과 관련 포스터.

"학교를 내가 만들어간다는 자부심이 생겨 학교의 모든 일에 애정과 관심을 쏟게 된다"고 말했다.

실제로 거창고 학생의 애교심을 확인할 수 있는 사례는 많다. 학생들끼리 '거창고를 위한 기도회'를 결성해, 매주 4번씩 점심시간에 모여 금식 기도 모임을 갖는 게 대표적이다. 번갈아가며 학교를 위한 기도 주제를 적어 오면 모임에 참여한 모든 학생이 함께 기도하는 것이다.

신입생 중에는 자율성을 강조하는 거창고의 독특한 분위기에 어리둥절해하는 학생도 꽤 있다. 1학년 박모 양은 "3~4월엔 자율이 아니라 살짝 방종의 모습을 보이는 학생도 있었다"고 말했다. 그는 "기숙사 학교라 부모님 감시에서 벗어난 데다, 학교 분위기까지 자율적이니 몇몇 친구들은 공부는 안 하고 자유를 만끽하려는 모습을 보였다"며 "하지만 다들 목표가 분명한 애들이라 금방 제자리를 찾더라"고 했다.

거창고 학생에게 교사보다 무서운 존재가 선배다. 학생 수가 적고 전원 기숙사 생활을 하기 때문에 선배 눈 밖에 나면 학교에 적응하기가 쉽지 않아서다. 혹시 선배의 후배 군기 잡기 같은 폭력적 상황도 있을까? 그러나 위 군은 "선배가 무서운 이유는 지나치리만큼 모범적인 모습을 보여주기 때문"이라고 말했다. "선배들이 공부도 워낙 잘하는 데다 학교생활도 최선을 다해 참여하니 그런 모습을 보고 자연스레 배울 수밖에 없다"는 얘기다.

하고 싶은 일이 뭔지,
사회에 어떻게
헌신할 수 있는지가 중요

● 　　이렇게 학교생활을 즐기는 거창고 학생의 학업 실력은 어느 정도일까? 거창고에 지원 가능한 성적은 중학교 내신 3~5퍼센트다. 합격한 학생들의 성적은 훨씬 높다. 서울 서초중을 졸업한 박모 양은 중학교 내신 0.9퍼센트, 서울 충암중 출신 위모 군은 1.2 퍼센트였다. 서울에서도 최상위권에 속한 두 학생이지만 거창고 입학 후 내신 관리에 애를 먹고 있다. 위 군은 "전국에서 잘하는 학생이 모인 데다 학생 수도 적어 조금만 실수해도 8등급 이하로 쭉 밀린다"며 고개를 설레설레 저었다. 수능 모의고사 성적을 놓고 보면 거창고 전교생 70퍼센트가 2등급 이내에 든다. 사회배려 전형으로 온 학생 가운데 1~2명이 5등급대가 나오는 수준이다.

　학부모가 궁금해하는 것도 이 대목이다. 스파르타식 교육을 하는 학교도 아니고 학생에게 온갖 자율권을 주는 데다, 주변에 변변한 학원 하나 없는 시골 학교에서 이처럼 높은 학력을 유지하는 비법이 도대체 뭐냐는 것이다. 유상철 연구부장은 "수업의 내실화와 철저한 자율학습 덕분"이라는 답을 내놨다. 거창고는 유난히 자율학습 시간이 많다. 교과 수업은 4시 50분이면 모두 끝나고 전원 취침 시간인 새벽 1시 30분까지 자율학습으로 채워진다. 박 양은 "자율학습 시간이면 바늘 떨어지는 소리가 크게 들릴 정도로 다들 집중하는 분위기"라고 말했다.

영어와 수학은 자율학습 시간을 이용해 교사에게 일대일 지도를 받을 수도 있다. 자습실에 '질문함'을 비치해둬, 자습하다 막히는 문제를 쪽지에 적어 질문함에 넣게 했다. 교사는 이를 수거한 후 질문한 학생을 한 명씩 교무실로 불러 개인지도를 한다.

학생들은 "사교육 도움은 필요없다"고 입을 모았다. 박 양은 "공부는 어차피 혼자 하는 것이고, 막히는 문제가 있으면 기숙사에서 친구나 선배에게 도움을 청해도 된다"며 "선생님도 다들 친절해 학원 못 다녀 아쉬울 일은 전혀 없다"고 말했다.

일부에선 거창고 학생들 실력에 비해 오히려 상위권 대학의 진학률은 낮은 게 아니냐는 지적을 한다. 이에 대해 김 교장은 "거창고의 진학 지도 방침은 다른 학교와 완전히 다르다"고 설명했다. "점수대별로 일류 대학 인기 학과 커트라인에 맞춘 밀어 넣기 식 진학 지도는 학생을 죽이는 일이라고 생각한다"며 "학생들이 하고 싶은 일이 뭔지, 그 일을 통해 사회에 어떤 헌신을 할 수 있는지 두 가지

기준에 맞춰 진로 지도를 하고 있다"고 강조했다.

거창고의 교육철학을 담은 '직업 선택의 10계명'을 만들어 강당에 걸어두고 학생들에게 수시로 일깨워준다. 위 군은 "학교에 처음 입학해 강당에서 이 10계명을 봤을 때 가슴이 뜨거워지는 걸 느꼈다"며 "'내가 원하는 곳이 아니라 나를 필요로 하는 곳을 택하라'거나 '왕관이 아니라 단두대가 기다리는 곳으로 가라'와 같은 말들을 가슴에 새기며 생활할 수 있다는 것 자체가 거창고 학생만이 느낄 수 있는 특권이라고 생각한다"고 말했다.

자율학교란?

수업일수 · 학년제 · 교과서 선택권 등 학사운영과 교육과정을 비교적 자율적으로 운영할 수 있는 학교. 모집 시기로 보면 후기 일반계 고등학교에 속한다. 전국 또는 광역 단위로 모집하며, 자율학교에 지원했다가 불합격하면 거주 지역 내 일반계 고등학교에 지원하면 된다. 선발 방법은 학교마다 달라 지원하고자 하는 학교의 홈페이지를 통해 전형을 확인해야 한다. 전국 단위 모집 자율학교로는 거창고(경남) · 한일고(충남) · 공주사대부고(충남) · 풍산고(경북) · 양일고(경기) · 익산고(전북) 등이 있다. 정부 지원을 받아 일반고와 동일한 학비로 수준 높은 교육을 받을 수 있다. 이에 반해 전국 단위 자사고는 전기 모집을 하고 자율학교에 비해 입학 전형 · 교원 임용 · 교육과정 등에서 훨씬 많은 자율권을 보장받는다. 정부 지원 없이 등록금과 재단 전입금으로 운영되며, 등록금은 일반고의 3배 수준까지 받을 수 있다. 2013년 첫 졸업생을 낸 하나고와 외대부고 · 포항제철고 · 현대청운고 등이 이에 속한다.

자신의 재능을 남을 위해
쓸 줄 아는 마음 중요

Q **왜 거창고를 택했나?**

고등학교는 기숙사 있는 학교로 가고 싶었다. 기숙사 생활을 하다 보면 부모님과 떨어져 지내야 하니 학교 분위기가 좋은 곳을 골라야 한다고 생각했다. 거창고가 인성 교육을 중시한다는 말을 듣고 선택했다.

Q **기대만큼 동료나 선후배 관계는 좋은가?**

어떤 순간엔 가족보다 더 가깝고 끈끈한 관계라고 느낄 정도다. 이곳에서 공부하면서 친구들과 경쟁한다는 생각을 해본 적 없다. 시험 못 본 친구가 있으면 "우리는 내신이 불리해 어차피 정시로 대학 가야 하니 연연하지 말자"며 위로한다. 자사고 아이들은 무섭게 경쟁한다고 하던데 우리는 그런 분위기가 아니다. 기숙사에서는 같은 방에서 생활하는 선후배에게 정말 많이 의지한다. 선배는 후배가 보고 있으니 몸가짐에 더 주의하고, 후배도 선배처럼 되려고 노력하는 분위기다.

Q **남녀공학에 기숙사 생활까지 하니 이성 교제를 많이 할 것 같다.**

많진 않지만 있긴 있다. 선생님도 특별히 막지는 않는다. 지난해 서울대에 진학한 남자 선배가 올해 3학년이 된 여자 선배랑 교제를 했다. 마치 교과서에 나오는 '이성 교제의 정석'처럼 모범적으로 사귀었다. 진로에 대한 고민을 나누고 조언도 해주면서. 그 선배들을 보면서 '나도 이성 친구가 생기면 꼭 저렇게 해야겠다'고 생각했다.

Q 거창고 학생들은 애교심이 남다른 것 같다.

그렇다. 한 달에 한 번 집에 가는데, 하룻밤만 자고 나면 빨리 학교에 가고 싶다. 친구랑 선생님 보고 싶어서 집에 오래 못 있겠다. 서울에서 일반 고등학교에 간 친구들에게 거창고 이야기를 하면 정말 부러워한다.

Q 명문 고교에 경쟁도 없고, 친구·선후배 관계도 좋고, 학교를 사랑한다니, 이게 가능한 얘긴가?

교육이 달라서 그런 것 같다. 모두를 존중하고 사랑하자는 분위기다. 선생님이 성적으로 학생을 차별하는 일이 없다. 서울대 가라고 부담을 주지도 않는다. 우리가 정말 좋아하는 일이 뭔지, 세상에 나가 빛과 소금 역할을 할 자세를 갖추고 있는지 고민하라고 한다. 그런 관점에서 나를 점검하다 보면 점수 1~2점에 일희일비하지 않게 된다. 친구와 대화할 때도 대학 이야기보다 인류와 사회를 위해 내가 무엇을 할지에 대한 고민을 나누는 일이 많다.

Q 서울에서 온 학생들과 경남 지역 학생 사이에 거리감 같은 건 없나?

그런 건 못 느꼈다. 거창 출신 학생은 지역 선발로 들어오니까 일반 전형으로 들어온 학생보다 성적이 낮을 줄 알았는데 웬걸, 전교 1~20등은 거의 거창 친구들이다. 창원이나 울산에서 온 애들도 정말 공부 잘한다. 서울에서 온 건 자랑할 일도, 부러움 받을 일도 아니다.

Q 거창고 진학을 희망하는 중학생에게 조언한다면.

자신의 재능을 남을 위해 쓸 줄 아는 마음을 가진 후배가 들어왔으면 좋

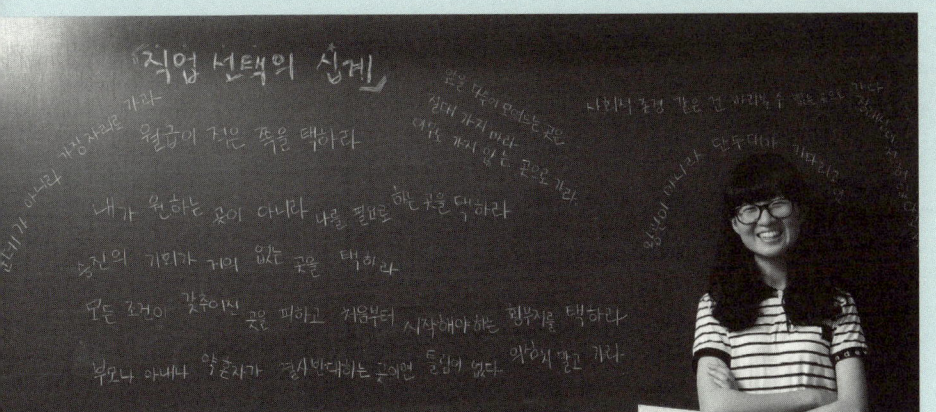

겠다. 이기적으로 자기 공부만 챙기는 학생은 거창고 분위기에 적응하기 힘들 것이다. 또 중학교 때부터 스스로 공부하는 습관도 길러둬야 한다. 간혹 부모님 간섭에서 벗어나 해이해진 마음을 추스르지 못하는 학생이 있는데, 그런 학생에게 기숙사 생활은 오히려 독이 된다.

신입생 이렇게 뽑아요

전 과목 내신점수 반영,
자사고 같은 심층 면접 없어

"기독교 정신을 바탕으로 민주 시민을 양성하자는 게 우리 학교 이념입니다. 헌신과 희생의 가치를 이해하지 못하는 학생은 아무리 성적이 우수해도 거창고와 어울리지 않습니다." 박치용 교무부장의 말이다.

학생 자질 평가는 자기소개서와 교사 추천서로 한다.

자기소개서 평가 문항은 크게 3가지다. "그동안 학습 계획을 세우고 평가해온 자신의 학습 과정을 서술하고 이를 통해 느낀 점을 작성한 뒤 고등학교 입학 후 학습 계획·고교 졸업 후 진로 계획에 대해 기술하시오"가 첫 번째다. 자기주도학습 능력을 평가하는 것이다. 두 번째는 "자신이 읽은 책 중 가장 인상 깊은 2권을 선정해 내용과 느낀 점을 기술하라"로, 독서 능력과 사고력을 판별하기 위한 것이다. 마지막은 "중학교 활동 실적 가운데 배려·나눔·협력·존중·갈등 관리·관계 지향성·규칙 준수와 관련된 사항 2가지를 적고 이를 통해 배운 점을 구체적으로 기술하시오"다. 인성을 평가하기 위한 문항이다.

물론 중학교 내신 성적도 본다. 자기주도학습 전형을 통해 정원의 80퍼센트를 선발하는데, 평가 항목은 내신 270점, 면접 30점이다. 거창고만의 내신 점수 산출 방법이 따로 있다. 일단 전 과목 점수를 모두 반영한다. 국어·영어·수학은 6단위, 사회·과학 3단위, 도덕·기술가정은 1단위로 계산한다. 음악·미술·체육은 학기별로 한 과목 성적씩만 1단위로 반영한다. 과목별 환산 점수는 '(100−과목별 석차 백분율)×단위 수÷100'으로 계산해 뽑는다. 내신 점수는 2학년 1학기부터 3학년 2학기 성적까지 합산한다. 2학년 성적은 학기별로 2를 곱하고, 3학년 두 학기 성적에는 3을 곱해 모두 더한다.

면접에서는 서류 내용을 확인하는 가벼운 질문을 한다. 박 교무부장은 "자사고나 외국어고, 과학고에서 진행하는 것 같은 심층 면접이 아니다"고 말했다. 면접으로 당락이 바뀌는 일은 거의 없다는 것이다. 면접 때 자주 묻는 질문은 크게 2가지다. 사교육 도움 없이 혼자 공부할 수 있는지와 거창고 교육철학에 대해 평소 어떤 생각을 갖고 있었는지를 묻는다. 박 교무부장은 "우리 학교에 잘 적응할 수 있는지를 가려내기 위한 것"이라고 설명했다. 거창고에 합격하면 학원에 다닐 수도 없고 기숙사에서 모든 일을 혼자 헤쳐 나가야 하기 때문에 의존적인 학생은 선발하지 않는다는 말이다.

김선봉 교장은 "거창고는 학생을 일류대 인기 학과에 보내는 걸 목표로 하지 않는다"며 "학교에서 더불어 사는 법을 배우고 사회에 헌신하겠다는 비전을 가진 학생을 환영한다"고 덧붙였다.

거창고 교과 내신 성적 산출 공식

1. 과목 석차 백분율=(중간 석차÷총인원)×100

   * 중간 석차=석차+(동석차자 수-1)÷2

2. 과목별 환산 점수=(100-과목별 석차 백분율)×단위 수÷100

3. 교과 내신 산출 총점(270점)=2×(2학년 1학기 과목별 환산 점수의 합+2학년 2학기 과목별 환산 점수의 합)+3×(3학년 1학기 과목별 환산 점수의 합+3학년 2학기 과목별 환산 점수의 합)

   * 소수점 이하 셋째 자리에서 반올림한다.

거창고 학생들의 직업 선택 10계명

제1계명	월급이 적은 쪽을 택하라.
제2계명	내가 원하는 곳이 아니라 나를 필요로 하는 곳을 택하라.
제3계명	승진 기회가 거의 없는 곳을 택하라.
제4계명	모든 것이 갖춰진 곳은 피하고 처음부터 시작해야 하는 황무지를 택하라.
제5계명	앞을 다투어 모여드는 곳은 절대 가지 마라. 아무도 가지 않는 곳으로 가라.
제6계명	장래성이 전혀 없다고 생각되는 곳으로 가라.
제7계명	사회적 존경 같은 건 바랄 수 없는 곳으로 가라.
제8계명	한가운데가 아니라 가장자리로 가라.
제9계명	부모나 아내나 약혼자가 결사반대하는 곳이면 틀림없다. 의심치 말고 가라.
제10계명	왕관이 아니라 단두대가 있는 곳으로 가라.

하루를 이렇게 보내요

시간	일과
7:00	기숙사생 전원 기상
7:00~8:00	등교 준비 후 아침 식사
8:10	등교 완료
8:10~12:10	오전 수업
12:10~13:00	점심 식사
13:10~16:50	오후 수업·종례
16:50~17:30	자유 시간
17:30~18:20	저녁 식사
18:20~19:20	자유 시간(외출 가능)
19:30~22:30	자율학습(전원 참여)
22:30~23:00	기숙사 청소 및 점호
23:00~1:30	자율학습(원하는 인원만 참여)
1:30~	전원 취침

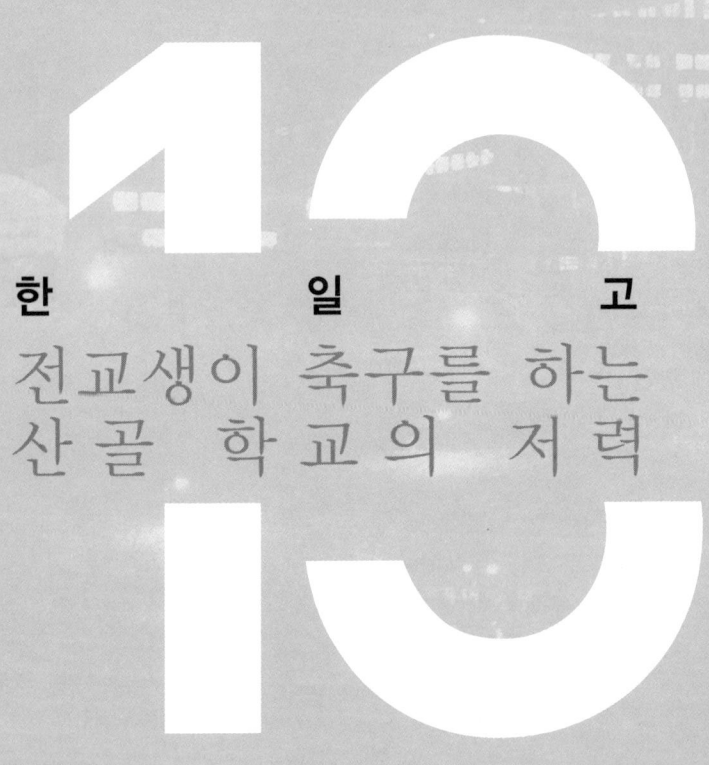

13

전교생이 축구를 하는
산골 학교의 저력

전국에서 학생을 선발하는 농어촌 자율학교인 한일고는 매년 수능과 대학 입시가 끝나면 언론에 등장한다. 우수한 수능 성적과 높은 대학 진학률 때문이다. 2013학년도 수능(언어·수리·외국어 표준점수 합계 평균)에서는 전국 1800여 개 고교 중 20위를 했다. 청심국제고(27위), 하나고(28위), 서울과학고(40위)보다 높은 순위다. 대학 진학률도 뛰어나다. 2013년에는 서울대에 22명, 연세대에 26명, 고려대에 17명, 카이스트에 16명이 진학했다. 한일고의 이런 성과가 더 놀라운 건 주변에 학원 하나 없는 시골 학교이기 때문이다. 충남 공주시 정안면 광정리에 있는 학교 주변에는 온통 산과 들밖에 없다. 오죽하면 학생들이 "공부와 축구 말고는 할 게 없다"고 할 정도일까.

      한일고에는 '학습 멘토'와 '자주–협력학습' 프로그램이 있다. 학습 멘토는 같은 반, 같은 기숙사에서 특정 과목에 우수한 실력을 갖춘 학생에게 주어지는 타이틀로 한 반에 많게는 5~10명 정도가 학습 멘토로 활동한다. 멘토는 친구에게 가르치면서 한 번 더 복습하고, 멘티는 같은 학년 친구에게 더 쉽게 배울 수 있는 장점이 있다.
    자주–협력학습은 10~20명의 학생들이 학습 동아리를 만들어 심화학습을 하거나 서로 가르치는 것으로, 현재 국어 · 사회 · 토론 · 의학 · 과학 등 모두 50여 개의 학습 동아리가 있다.
    아울러 한일고는 화랑교육과 화랑 7품제 등 40여 가지 프로그램을 통해 학생들의 인성교육에 힘쓰고 있다.

공부와
축구에
올인하다

"이쪽으로 패스해." 초록색 인조 잔디 운동장 위에서 각각 빨간색, 파란색 유니폼을 나눠 입은 학생들이 축구공을 패스하며 땀을 흘리고 있었다. 2학년 김모 군이 찬 공이 포물선을 그리며 그대로 골대 안으로 빨려 들어갔다. "와~골인!" 함성 소리가 운동장에 울려 퍼졌다.

한일고 운동장은 시험 기간을 제외하고는 항상 이렇게 축구 하는 학생들로 붐빈다. 이곳에서 축구를 빼놓고는 학교생활을 말하기 어려울 정도다. 김 군이 참여하고 있는 리그만 7개가 넘는다. 기숙사 호실별로 팀을 짜서 3~11월 진행하는 정규 리그인 한일리그 외에도 1학년 2반, 동아리, 학생회, 체육부, 지역 팀 등에서 선수로 뛰고 있다. 김 군만이 아니다. 전교생 90퍼센트 이상이 축구를 한다. 어떤 학생은 참여하는 팀이 많아 각기 다른 유니폼만 13종류를 갖고 있을 정도다.

명문대 진학률 높은 학교에서 축구라니, 믿기 어려울지도 모르겠다. 하지만 학생들은 "축구의 장점이 '굉장히' 많다"고 강조했다. 가장 큰 장점은 체력 증진이다. 김 군은 중학교 때까지 운동을 싫어해 몸무게가 80kg이 넘었다. 그때는 머리가 자주 아프고, 조금만 움직여도 피곤했다. 한일고 입학 뒤 당연히 적응이 어려웠다. 하지만 이 학교에선 공부 외에는 축구밖에 할 게 없었다. 결국 축구를 하기 시작했고, 삶이 완전히 달라졌다. 규칙적으로 생활하고, 꾸준히 운동한 덕분에 1년 동안 15kg이 빠진 것은 물론, 이제는 새벽까지 공부해도 피곤한 걸 모를 정도로 건강해졌다.

▌한일고 학생들은 축구를 통해 체력과 집중력을 기른다.

땀 흘려 운동하면 수업 때 피곤해 혹시 졸지는 않을까 걱정하는 부모가 있다. 그러나 정반대다. 학생들은 오히려 집중이 잘되고, 스트레스도 풀린다고 입을 모은다. 2학년 임모 군은 축구를 하다 이를 다쳤는데도 다음 날 또다시 운동장으로 향했다. "새벽에 축구를 안 했더니 하루 종일 머리가 흐려졌다"는 게 그 이유였다. 2학년 이모 군도 "슬럼프에 빠져 공부에 집중이 잘 안 될 때 축구 한번 하고 나면 머리가 맑아진다"고 말했다. '명문대 진학 비결이 축구'라는 이 학교 학생들 사이의 우스갯소리가 괜히 나온 게 아니다.

축구는 다른 학생과 어울리는 기회도 된다. 이 군은 "몸담고 있는 팀이 많다 보니 어제의 적이 오늘의 동지"라며 "같은 방 쓰는 친구와 갈등이 생겨도 같은 팀에서 호흡을 맞추다 보면 어느새 마음속 응어리가 사라진다"고 말했다.

서로
멘토·멘티가 되는
자주–협력학습

●   이 학교에선 정말 축구 외에 할 일이 공부밖에 없다. 학원을 다닐 수 없으니 수업 집중도도 높다. 김 군은 입학 초기 중학교 시절 습관이 남아 있어 수업 시간에 모르는 게 있어도 대충 넘어갔다. 하지만 한두 달 시간이 지나니 수업을 제대로 안 듣고는 내용을 이해할 방법이 없었다. 그 후로 교사의 농담까지 적어가며 수업에 집중했고, 모르는 게 있을 때는 학습 멘토에게 물어봤다. 학습 멘토는 같은 반, 같은 기숙사에서 국어·수학·과학 등 특정 과목에 우수한 실력을 갖춘 학생에게 주어지는 타이틀로 한 반에 많게는 5~10명 정도가 학습 멘토로 활동한다. 또 10~20명의 학생들이 학습 동아리를 만들어 심화 학습을 하거나 서로를 가르친다. 바로 자주–협력학습이다. 현재 국어·사회·토론·의학·과학 등 모두 40여 개의 학

▌한일고에서 강의하고 있는 하버드 케네디스쿨 교수단. 한일고는 매년 인문사회 · 자연과학 · 미래학 등 분야를 정해 명사 초청 강의를 진행하고 있다.

습 동아리가 있다. 최용희 한일고 교감은 "멘토는 친구에게 가르치면서 한 번 더 복습하고, 멘티는 같은 학년 친구에게 더 쉽게 배울 수 있다"며 "학생들이 서로의 장점을 인정해야만 가능한 일"이라고 강조했다.

수업 후 자율학습 시간은 자신만의 공부법을 찾는 과정이다. 한일고 학생들은 오후 4~5시 정규 수업이 끝나면 밤 12시까지 각자 교실에서 공부한다. 그래서 중학생 때까지 사교육에 의지하던 학생도 자연스럽게 자기주도학습을 시작하게 된다.

물론 혼자 공부해본 적이 없는 학생은 초반에 시행착오를 많이 겪는다. 박모 군도 처음 한두 달간 옆자리 학생이 공부하는 모습을 보면 마음이 불안했다. 그래서 괜히 국어 5분, 수학 5분 번갈아 책을 뒤적이면서 시간을 낭비하기도 했다. 하지만 자율학습의 최대 장점, 그러니까 시간이 많다는 걸 활용했다. 중학생 때 공부 습관도 반성하고, 월 단위·주 단위·일 단위로 계획을 바꿔가며 문제점을 찾아내 개선했다. 박 군은 책상 앞에 앉아 있어도 공부에 집중하는 시간이 적은 게 문제라는 걸 깨달았고, 딴생각하는 시간을 매일 스톱워치로 재면서 줄여나갔다. 박 군은 "한일고에 오지 않았으면 아직도 내 공부법을 찾지 못했을 것"이라며 "전교생이 학습법 책을 한 권씩 만들어도 될 정도로 각자 독특한 공부법을 갖고 있다"고 말했다.

축구와 공부밖에 할 일이 없다고 하면 혹자는 휴대전화로 SNS(소셜네트워크서비스)나 게임을 할 수 있지 않느냐고 반문할 것이다. 하지만 한일고 학생들은 휴대전화를 쓸 수 없다. 휴대전화 소지를 아예 금지했기 때문이다. 인터넷이 연결된 컴퓨터도 제한적으로만 사용할 수 있는 데다, 컴퓨터 하드디스크 용량이 적어 문서 작성과 인터넷 검색만 할 수 있다. 당연히 학부모들의 만족도는 높다. 2학년 자녀를 둔 신 씨는 "중고생 남자 아이를 키우는 엄마들 대부분이 '게임과의 전쟁'을 치른다고 할 정도로 청소년 스마트폰 중독이 심각하다"며 "남학생이 다니기에 한일고만큼 환경이 좋은 곳은 없다"고 말했다.

화랑7품제를
비롯한
인성교육 시스템

●   한일고는 인성교육도 강조한다. 관련 프로그램이 40여 가지가 넘는다. 대표적인 게 화랑교육이다. 한일고 학생들은 학교에 입학하면 《화랑바라기》라는 책자를 받는다. 이 책자는 백제 문화 탐방, 한·중·일 해외 문화 교류, 태권도 교육, 입학 100일 잔치 등 모든 학생이 참여하는 활동을 기록할 수 있게 구성돼 있어 포트폴리오로 활용 가능하다. 또 화랑 7품제는 독서·영어 등 학생이 갖춰야 할 능력을 7가지로 나눠 학교가 제시한 일정한 기준에 도달하면 인증하는 제도다.

      기숙사를 8명이 함께 사용하게 하는 것도 인성교육의 하나다. 최 교감은 "입학해서 졸업할 때까지 3년 동안 함께 생활하는 인원이 평균 21명"이라며 "2~4명이서 한방을 사용할 때보다 더 다양한 유형

▌입학 100일 잔치 행사 때 열린 반별 장기 자랑 모습.

의 친구들과 지내면서 이해의 폭을 넓힌다"고 설명했다. 그뿐만이
아니다. 한일고 학생들은 매일 아침점호 때 광장에 모여 "우리는 큰
그릇"을 세 번 외친 뒤, 자신의 고향을 향해 목례한다. 모르는 선배
에게도 인사를 해야 하는 등 선후배 간 예절도 깍듯하다. 신입생이
입학한 뒤 한두 달간은 선배가 후배 기숙사를 방문해 청결 상태를
점검하고 생활습관을 지도한다. 2학년 변모 군은 "처음에는 선배들
행동이 이해가 안 갈 때도 있었지만, 1년 정도 지내보니 학생들끼리
단합하는 데 큰 도움이 됐다"며 "앞으로 사회에 나가서도 적응할 자
신이 있다"고 말했다.

교복·교문·공해 없는 3無 학교

Q 학교 주변 환경에 대한 느낌은?

학교 주변에 산과 들뿐이다. 교복·교문·공해 없는 3무無 학교로 유명하다. 가끔 집에 가면 먼지 때문에 콧속이 답답하고, 기침이 난다는 사람이 많다. 학교가 자리 잡은 터도 명당이라고 한다. 아홉 정승이 나온다는 구작九爵골 전설이 전해져 온다.

Q 공주에 있다. 충남 출신이 많은가?

전국에서 고르게 모인다. 올해 신입생 160명 중 경기도가 44명으로 가장 많았고, 서울 20명, 충북 17명, 충남 16명, 대전 8명 순이었다.

Q 선후배 간에 정이 끈끈하다고 하는데?

그렇다. 특히 '침대 선배'가 각별하다. 신입생이 사용하는 침대를 전년에 쓴 사람이 침대 선배다. 3월에는 침대 선배들이 1학년을 위해 매점으로 깐풍기·피자 등 외부 음식을 배달시켜준다. 얼굴도 모르는 선배가 사주는 음식을 먹으며 혼자가 아니라는 생각을 하고, 학교에 잘 적응할 수 있다는 자신감을 얻는다. 침대 선배와는 친형제 이상으로 친해지고, 학습 고민부터 인생 상담까지 다양한 도움을 받는다.

▎산과 들에 둘러싸인 한일고 전경.

Q 외부 음식을 먹을 기회가 있는지?

종종 있다. 배달시켜 먹거나, 일요일 자유 시간을 이용해 외식한다. 차를 타고 2~3분 나가면 식당이 있다. 식당에 전화해서 "한일고 학생 3명이요" 하면 봉고차가 와서 데려간다. 자장면·라볶이·치킨·피자 등을 하는 다양한 식당이 있다.

Q 휴대전화를 정말 안 쓰나?

그렇다. 매년 신입생 1~2명이 몰래 가지고 온다. 걸리면 바로 압수당하고, 부모님이 학교로 불려올 수도 있다. 대부분은 휴대전화 반입 금지를 알고 이 학교에 진학하기 때문에 불만은 없다. 중학교 때는 휴대전화 없이 어떻게 사나 싶었는데, 이제는 다들 없는 게 편하다고 한다. 물론 불편한 점도 있다. 누군가를 찾을 때는 도서관·기숙사·운동장 등을 다 뒤져야 한다.

Q 부모님과는 어떻게 연락하는지?

공중전화를 사용한다. 1학년 4대, 2학년 3대, 3학년 4대, 공용 4대 등 총 15대가 있다. 국내에서 공중전화가 가장 밀집돼 있는 곳이 아닐까 싶다. "군대 온 것 같다"고 얘기하는 사람도 있다. 하지만 군대처럼 전화할 수 있는 시간이 정해진 게 아니라서 줄을 서지 않아도 된다.

Q 이성 교제 하는 사람은 없나?

사실상 불가능하다. 여학생 볼 기회도 없다. 축제 기간에 천안 지역 여고생들이 춤·노래 공연을 하러 오는데, 그때가 이성 친구를 만날 수 있는 유일한 기회다. 이때 여자 친구가 생기는 사람도 몇 명 있는데, 한 달도 안 간다. 휴대전화가 없고 인터넷도 항상 사용할 수 있는 게 아니라 연락하기 어렵기 때문이다. 중학교 때 이성 교제를 하던 사람도 고등학교 입학하면 얼마 안 돼 헤어진다.

신입생 이렇게 뽑아요

입학 설명회 참석하고
상담받는 게 합격에 유리

"한일고 설립 정신이 사인여천事人如天과 실천궁행實踐窮行입니다. 자신을 위해 지식과 어진 성품과 용기를 기르고, 다른 사람을 위해 사랑과 봉사를 실천하라는 말입니다. 학생을 선발할 때도 여기에 초점을 맞춰 평가합니다."

원윤정 한일고 입학담당관의 말이다. 한일고는 자기주도학습 전형으로 매해 160명을 선발하는데, 이 중 110명을 전국 단위 모집으로 뽑는다. 나머지 46명은 충남 지역, 4명은 사회통합 전형으로 선발한다. 1단계에서 중학교 내신 성적과 출결로 모집 성원의 1.5배수를 추려내고, 2단계에서 서류 평가와 면접을 치른다.

1단계에서 가장 중요한 건 내신 성적이다. 국·영·수·사·과 5과목을 반영한다. 1학년 20퍼센트, 2학년 30퍼센트, 3학년 1학기 50퍼센트로 학년별 반영 비율이 다르다. 또 영어·수학은 50퍼센트 가중치를 더 둔다.

원 교사는 "합격생의 중학교 평균 내신은 상위 3.5퍼센트 내외"라며 "하지만 1.5퍼센트가 떨어지고, 8퍼센트가 붙는 경우도 있다"고 말했다. 자기소개서를 포함한 서류 평가와 면접에서 뒤집기가 가능하다는 얘기다. 특히 자기소개서는 지원 동기 및 진로, 자기주도학습 과정, 인성 영역 등으로 나누는데, 영역별로 학생마다 점수 차가 크다. 예컨대 독서 활동 만점이 10점이라면 A학생은 만점을 주고, B학생은 1점만 주는 식이다. 그래서 한 영역이라도 소홀히 준비하면 떨어질 가능성이 높다.

자기소개서는 한눈에 핵심을 파악할 수 있게 작성해야 한다. 예를 들어 지원 동기를 쓸 때 "한일고에 진학한 중학교 선배 때문에 한일고를 처음 알게 됐습니다. 꼭 진학하고 싶다고 생각했습니다" 하는 식으로 작성하면 좋은 점수를 받기 어렵다. 지원 탐색 시기, 지원 결정 시기, 지원 결정 요소, 지원 노력과 성취 결과 등으로 소제목을 달아 일목요연하게 정리해야 한다. 또 '영어 성적 우수' 같은 추상적인 표현보다 '나만의 단어장을 만들어 영어 단어 1000개를 익힘'처럼 구체적인 게 좋다. 면접은 제출한 서류의 사실관계와 우수성을 확인하는 과정으로 자기소개서 각 영역별로 나눠 진행한다. 학생은 한 영역당 3명의 면접관을 만나고, 3분 정도 질의·응답한다.

여기까지는 다른 고등학교와 별반 다르지 않다. 중요한 건 입학지원서를 넣기 전이다. 한일고에는 비공식적으로 단계별 입학 상담이 있다. 예약제로 운영하는 설명회에 참석한 뒤 입학담당교사와 집단상담·개별상담·특별상담 등을 진행한다. 학생과 학부모는 이를 통해 학교생활에 대해 알고, 학교에 진학한 뒤 잘 적응할 수 있을지를 판단한다. 이 과정이 합격에 직접적인 영향을 미치진 않아도 이 단계를 거치지 않으면 사실상 합격하기 어렵다. 이 과정을 자기소개서 지원 동기에 써야 하고, 자기소개서 작성 요령 등 합격에 도움이 되는 진학 정보를 얻기 때문이다.

원 교사는 "초등학교 5학년 때부터 4년 연속 설명회에 참여해 학교가 원하는 인재상이 뭔지 충분히 파악한 학생이 중3 때 갑자기 학교에 진학할 마음을 먹은 사람보다 좋은 점수를 받을 수밖에 없다"며 "한일고는 후기 일반고라 외고나 과고에 떨어진 뒤에도 지원할 수 있지만 그렇게 합격하는 경우는 거의 없다"고 말했다. 한일고가 원하는 맞춤형 인재를 뽑는다는 얘기다.

하루를 이렇게 보내요

시간	일정(장소)
6:30	기상(기숙사)
6:30~7:30	아침점호(광장), 세면(기숙사), 아침 식사(급식실)
7:30~8:00	자율학습(교실)
8:10~12:00	1·2·3·4교시(교실)
12:00~13:00	점심 식사(급식실)
13:00~17:00	5·6·7·8교시(교실)
17:00~18:00	방과 후 수업 또는 동아리 활동 등(교실)
18:00~19:30	저녁 식사(급식실)
19:30~21:00	자율학습(교실)
21:00~21:20	간식(교실)
21:30~24:00	자율학습(교실)
24:00~0:40	취침 준비·취침점호(기숙사)
0:40~1:30	자율학습(2·3학년 희망자에 한해 기숙사 연등실 이용 가능)

14

서   울   고
연구하고 논문 쓰는
과 학 중 점 학 교

'일반고의 위기'를 겪던 서울고가 재도약하고 있다. 2013학년도 서울대 수시 모집에서 재학생 10명을 합격시켜 주변을 놀라게 했다. 이는 외국어고·과학고 등 특목고를 제외하고는 가장 많은 수다. 서울 시내 자사고보다도 많다. 학생 선발권이 있는 특목고도, 중학교 내신 50퍼센트 이상만 지원할 수 있는 자사고도 아닌 일반 공립고가 이뤄낸 성과라 많은 학부모가 이 학교의 교육 방식에 관심을 보이고 있다. 학교 측은 "2010학년도부터 과학중점학교로 지정받아 수학·과학 특화 교육을 실시하며 수시 모집에 강한 학교가 됐다"고 분석했다.

"
서울고는 2010년 과학중점학교로 지정돼 학년마다 3학급(전체 15학급)을 과학중점학급으로 운영하고 있다. 1학년은 모든 학생이 특별교과(과학교양) 수업과 수학·과학 체험 활동을 60시간 이상 이수한다. 2·3학년에 올라가면 과학중점학급을 중심으로 과학융합·과학사·실험수업과 같은 특별·전문 교과를 공부한다.

서울고는 과학중점반 프로그램뿐 아니라 인문·사회 교육과정도 탄탄하다. 2011년부터 1·2학년 각각 20명씩 소수 정예로 방과 후 학교 인문영재학급을 운영하고 있는데, 4월부터 9개월 동안 경제·역사·철학·정치·사회 5개 분야의 전문교과를 96시간 이수한다. 2013학년도 서울대 수시모집 합격생 10명 중 5명이 인문영재학급 수료생이다.
"

대학 **지도교수**와
함께 하는
연구 프로젝트

2013년 8월 14일 오후 5시, 서울 혜화동에 있는 서울대암연구소 9층 분자영상 및 치료연구실에서 서울고 2학년 김명섭 군과 손정현 군 등이 한창 토론을 벌이고 있었다.

"표적 세포에 색상이 잘 입혀지지 않았어. 이런 식으론 세포 구분이 안 되겠는데."

"클린벤치(cleanbench : 무균 상태에서 세포를 배양하는 실험 기구)에서 세포를 배양할 때 아무래도 외부 공기와 접촉이 있었나 봐. 다시 해보자."

학생들은 최근 학계에서 암세포 치료의 대안으로 떠오른 엑소좀(exsome : 일종의 세포 간 신호전달 체계)에 대한 실험 중이었다. 클린벤치와 광학·형광 현미경 등 대학원 석·박사 과정에서나 다룰 법한

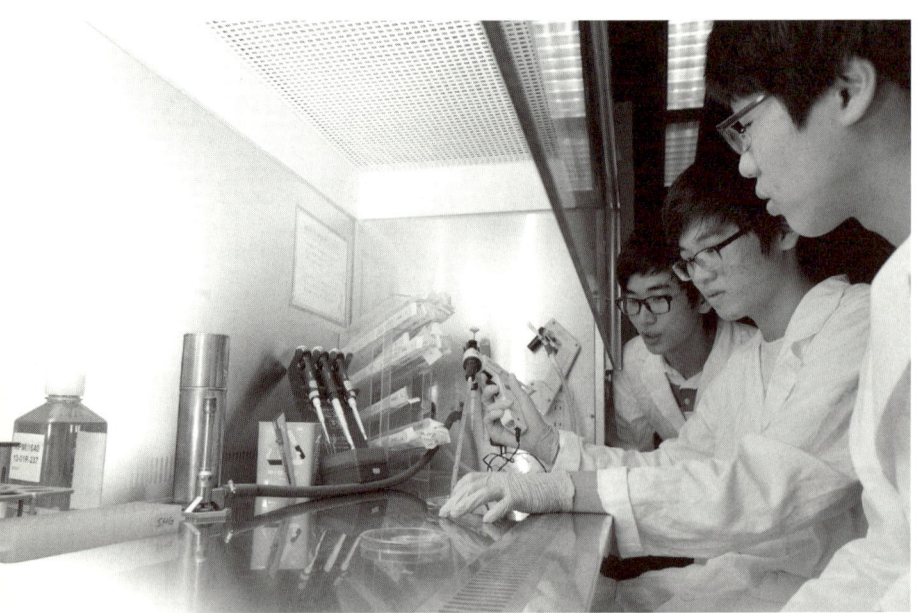

▌ 서울고 2학년 김명섭, 김민석, 손정현(왼쪽부터) 군이 서울대암연구소 실험실에 있는 클린벤치에서 세포 배양 실험을 하고 있다.

실험기구를 능수능란하게 다뤘다. 손모 군은 "아직 기구가 낯설어 실험 때마다 실수가 많다"며 "하지만 강건욱(서울대 핵의학과) 교수님이 논문 지도교수를 맡아 보완할 부분을 꼼꼼하게 가르쳐주신 덕에 점점 익숙해지고 있다"고 말했다.

아니, 교복 입은 고교생이 논문이라니? 지도교수는 또 웬 말인가?

김모 군은 "우리 팀 말고도 서울고 2학년 13팀이 이런 연구 프로젝트에 참여 중"이라며 "과학 중점반 학생 누구에게나 이런 기회가 열려 있다"고 설명했다. 서울고가 수학·과학 특화 프로그램으로 운영 중인 R&E(대학·연구소 등 외부 연구기관과 협력해 진행하는 연구 프로젝트) 활동을 말하는 것이다.

서울고는 2010년 과학중점학교로 지정돼 학년마다 3학급(전체 15학급)을 과학중점학급으로 운영하고 있다. 1학년은 중점반·일반반 구분 없이 모든 학생이 특별교과(과학교양) 수업과 수학·과학 체험 활동을 60시간 이상 이수한다. 2·3학년에 올라가면 과학중점학급을 중심으로 과학융합·과학사·실험수업과 같은 특별·전문 교과를 공부한다.

과학중점학교 교육과정의 가장 큰 장점은 학생들이 수학·과학 관련 체험·연구 프로젝트를 직접 경험해볼 수 있다는 것이다. 박창래 서울고 연구부장은 "과학중점학교에선 입학사정관제 등 대학 입시에서 요구하는 진로·적성 개발 활동을 다채롭게 할 수 있다"고 말했다.

좀 더 구체적으로 살펴보면, 1학년 때는 주제 중심의 소그룹 탐구 프로젝트에 전교생이 참여한다. 3~4명이 한 팀이 돼 3월부터 5개월 동안 담당교사와 공동연구를 한다. 이 외에도 자연·지리 탐사, 천문 캠프, 담임과 함께하는 과학 체험 등 1년 내내 체험·연구 활동이 이어진다. 2학년에 올라가면 과학중점반 학생을 중심으로 R&E 프로그램에 참여한다. 3월부터 12월까지 10개월 동안 서울대·고려대·성균관대 등 대학 연구실을 찾아 대학교수 지도 아래 수준 높은 연구를 한다. 매년 3~4명으로 이뤄진 14개 팀이 선정돼 지원을 받는다. 과학캠프, 대학교·연구실 탐방, 동문 선배 특강 등 수학·과학 체험 활동도 꾸준하게 이어진다.

오석규 서울고 교장은 "과학고 못지않은 연구가 이뤄진다"며 "일반 공립고가 이런 연구 프로젝트를 꾸준히 진행하는 데는 학부모와 동문의 재능 기부가 큰 역할을 했다"고 설명했다.

노벨상 수상자
강연을 성사시킨
동문 파워

● 　　　서울고는 1974년 고교 평준화를 시행하기 전에는 경기고와 함께 양대 명문고였다. 전前 서남수 교육부 장관(23회), 강호문 삼성전자 부회장(20회), 소설가 최인호(16회), 야구선수 안치홍(61회·기아) 등 정·재계는 물론 예술·스포츠 분야에 이르기까지 곳곳에 퍼져 있는 이 학교 출신 유력 인사를 일일이 열거하기도 힘들 정도다. 자연과학 분야에도 강한 면모를 보여 교수나 연구자도 많다. 이런 동문 선배들이 후배를 위해 팔을 걷어 부친 것이다.

　이런 각 대학 교수들의 지원 덕에 R&E 논문의 질적 수준도 수준급이다. 'X선에 의한 물의 표면장력 변화 탐구' '항우울제가 중추신경계에 미치는 피해 연구' '게임이론의 다양한 전략에 따른 구체적 상황에의 적용' 등 대학 수준에 버금가는 연구가 진행 중이다. 지난

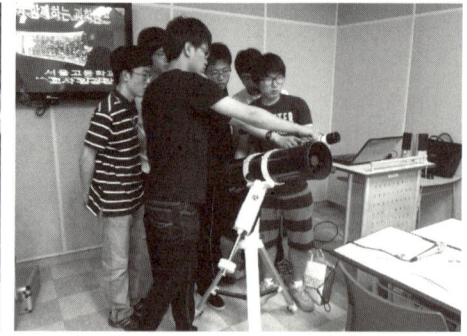

▌동문 선배와의 멘토 · 멘티 결연식. ▌수학 · 과학 · 특화 프로그램인 R&E 활동. ▌영어토론대회.
▌방과 후 학교 프로그램인 인문영재학급.(왼쪽 위부터 시계 방향)

해 '은나노의 살균 효과 및 유해성 관찰' 연구에 참여했던 3학년 장
군은 "수십 번을 실험해도 매번 결과가 다르게 나오는데, 정말 미치
겠더라"며 "실제 연구 과정에선 바보스러울 정도의 우직함과 지치
지 않는 끈기가 필요하다는 것을 배웠다"고 말했다. 책으로는 배울
수 없는 연구자가 갖추어야 할 태도와 자세를 익힌 것이다.

동문 선배의 지원은 R&E 프로그램에 그치지 않는다. 동문 조성
기금을 120억 원 넘게 모았다. 동문회는 매년 4억 원을 학교에 지원

한다. 등교 셔틀버스 4대를 무료로 운영하고, 장학금을 매년 1억 5000만 원이나 줄 수 있는 것도 모두 동문의 힘 덕분이다. 일선 고교에선 찾아보기 쉽지 않은 실내 스포츠 클라이밍 시설과 체대 입시생을 위한 체력 단련실도 선배들의 지원을 받아 지었다. 체대 입시생인 3학년 한모 군은 "15명 정도가 함께 체대 진학을 준비 중"이라며 "지난해 체력 단련실이 마련되면서 사설 학원에 갈 필요가 없어졌다"고 말했다. 그는 또 "학교 안에 운동시설과 도서관이 모두 있어 시간이 절약된다"고 좋아했다.

지난해 동문의 파워를 느낄 수 있는 사건이 하나 있었다. 2011년 노벨화학상 수상자인 다니엘 셰흐트만의 강연이다. 방한한 그는 원래 과학고 학생만을 대상으로 강연할 예정이었다. 그러나 셰흐트만의 방한에 관여한 동문이 힘을 발휘한 덕분에 서울고 학생도 강연을 들을 수 있었다.

당시 강연을 들은 3학년 주모 군은 "일반 공립고 학생이 노벨상 수상자를 만날 수 있을 거라곤 상상을 못했다"며 "동문 파워를 실감했다"고 말했다.

오 교장은 "서울고 동문 파워는 인근 고교가 가장 부러워하는 점"이라며 "매년 30명씩 1년 동안 선후배를 멘토·멘티로 연결해주는 멘토·멘티 결연 프로그램도 인기가 많다"고 말했다.

특목고와 자사고가
부럽지 않은
시스템

●   서울고는 과학중점반 프로그램뿐 아니라 인문·사회 교육과정도 탄탄하다. 2011년부터 1·2학년에 각각 20명씩 소수 징에로 방과 후 학교 인문영재학급을 운영하고 있다. 3월 초 지원서와 자기소개서 등 서류평가와 면접을 거쳐 선발한다. 4월부터 9개월 동안 경제·역사·철학·정치·사회 5개 분야의 전문교과를 이수한다. 이 과정에 참여한 참가자 전원이 관심 주제에 맞춰 논문 한 편을 제출한다. 수업은 《국부론》《자유론》 등 고전을 읽고 발표·토론하는 방식으로 진행된다. 이렇게 1년 동안 총 96시간을 이수한다. 2013학년도 서울대 수시 모집 합격생 10명 중 5명이 인문영재학급 수료생이다.

영재학급을 담당하는 윤용아 교사는 "2학년 영재학급 수료 후 3학년에 올라가면 관심 주제에 맞게 자율동아리를 구성해 계속 토론을 이어간다"고 말했다. 지난해 인문영재학급이었던 3학년 고정우 군은 "맹자 일대기를 공부한 게 기억에 남는다"며 "정규 수업에선 하기 힘든 깊이 있는 독서와 토론 덕에 인문·사회계열 학생들은 모두 들어오고 싶어 한다"고 말했다.

외고·국제고 등에서나 가능할 법한 국제교류 프로그램도 이 학교의 자랑거리다. 미국·일본·중국·러시아 현지 고교 탐방과 문화체험 등 국제교류 프로그램에 매년 200여 명이 참가한다. 현지 홈스테이를 해서 비용이 매우 적게 든다. 서울고 학생들은 해외 현지를 방문하고, 그 나라 학생과 교사는 서울고를 찾는다. 일본 아키타현 8개 고교와는 과학 교류로까지 확대했다.

오 교장은 "국제교류 때는 반드시 현지에서 홈스테이를 한다"며 "단지 해외 학교를 탐방하는 수준에서 그치지 않고 학생들끼리 실질적인 교류를 넓혀야 한다는 취지 때문"이라고 이유를 설명했다. 지난해 일본·중국 학교를 방문했던 3학년 김 군은 "그때 만난 현지 친구들과 지금도 페이스북과 이메일 등으로 연락을 주고받는다"며 "사설기관을 이용했으면 비용이 많이 들었을 텐데 홈스테이를 한 덕분에 저렴한 비용에 좋은 경험을 할 수 있었다"고 말했다.

다양한 학습 체험 프로그램이 있다고 체육을 소홀히 하지는 않는다. 오히려 야구·수영·농구·축구·복싱·유도·테니스는 물론 일반 고교에선 보기 힘든 실내 골프 연습장과 스포츠클라이밍 등 12개 종목에 달하는 체육시설까지 갖추고 전교생이 체육을 잘할 수 있도록 돕고 있다. 특히 매주 토요일은 스포츠데이로, 인문영재학급이나 기타 대외활동에 나가는 학생을 제외하곤 전교생이 참여한다.

유도부 주장인 2학년 이모 군은 "서울고 학생이면 스포츠 관련 동아리 1개쯤은 들고 있다"며 "각 종목별로 스포츠 대항전이 열리면 실내 체육관이 꽉 찰 정도로 응원전도 뜨겁다"고 분위기를 전했다.

매일 오전마다 서울고 운동장에선 진풍경이 펼쳐진다. 학생 300여 명이 줄을 지어 운동장 3바퀴(2킬로미터)를 돈다. 안상인 예체능부장교사는 "참가를 희망하는 학생에 한해 아침 건강 달리기를 한다"며 "토요 스포츠데이와 각종 스포츠 동아리 활동 등을 학생부와 포트폴리오에 꼼꼼하게 기록한다"고 했다.

수학·과학 특별활동과 독서·토론 중심의 인문·사회 활동, 스포츠를 강조하는 교육이 어우러지면서 서울고는 강남 일대 중학생 사이에선 가장 가고 싶은 일반고로 꼽힌다. 서울 지역은 현재 고교 선택제를 실시하고 있다. 1~3지망까지 가고 싶은 학교를 선택해 지원한다. 실제 과학중점학교 지정 첫해인 2010년엔 1지망 경쟁률이 16.4:1에 달했고, 2011년은 17.2:1, 2012년엔 15.8:1을 기록했다. 강남 지역에선 1위, 서울 전체에선 3위(1위 건대부고 19.4:1, 2위 서울사대부고 18.2:1)의 지원율이다.

행사 때 강당 꽉 채운
동문들 보면 자부심 느껴

Q 학교의 가장 큰 자랑거리는?

동문 파워다. 학교 장학금만 1년에 1억 5000만 원이다. 주위 학교 친구들이 다 부러워한다. 등교 셔틀버스는 물론 체력단련실, 골프 연습장, 스포츠클라이밍 시설도 모두 동문회에서 지원해줬다. 또 동문 파워를 느낄 수 있는 별도의 자리도 있다. 매년 5월 재학생·졸업생·학부모·동문 선배를 패널로 선정해 여는 교육 관련 대토론회다. 800석 가까운 강당이 꽉 들어찬다. 이걸 보면 나도 졸업 후 후배를 위해 나서야겠다는 생각이 절로 든다.

Q 과학중점반은 물리·화학·생물·지구과학 모두 I·II까지 8과목을 다 들어야 한다. 부담은 안 되나?

부담이 전혀 없다면 거짓말이다. 하지만 단점보다 장점이 많다. 소주제 연구라든지 R&E(대학·연구소 등 외부 연구기관과 협력해 진행하는 연구 프로젝트)를 하다 보면 과학 4분야 중 한 분야만 알아선 안 되겠다는 생각이 든다. 더 좋아하는 분야는 각자 다르겠지만 다른 분야에 대해서도 최소한의 지식과 개념은 알아야 한다. 많이 배우니 연구 아이디어를 얻는 데도 도움이 된다. 정말 제대로 과학을 공부하는 느낌이다.

Q 서울고는 남학교다. 이성에 관심이 많을 땐데 남녀공학에 다니고 싶지 않나?

아니라고는 못하겠다. 하지만 남고라서 편한 것도 많다. 우리 학교는 스포츠 활동을 강조한다. 아침에 건강 달리기를 하거나 운동 동아리 한 개쯤은 가입해 활동한다. 운동하고 나면 웃통 벗고 씻거나 땀을 말리는데 여학생이 있으면 불편할 거 같다. 또 운동뿐 아니라 신문반, 영어 토론, 과목별 심화공부 등 동아리가 많다. 상설 동아리와 자율 동아리(학생들끼리 토론 모임) 등을 합하면 70~80개쯤 된다. 다들 동아리 2~3개 정도 하기 때문에 여자 생각할 틈이 없다.

Q 학교 도서관이 있던데.

그렇다. 학교 도서관에서 자율학습을 하는 학생이 많다. 380석인데, 학원 안 가고 이곳에서 자기주도학습을 하는 학생에게 고정석을 차지할 기회를 먼저 준다. 학원을 이용하지 않고 주로 학교에서 공부하겠다고 마음먹으면 거의 자기 자리를 가질 수 있다.

Q 학교가 대학 캠퍼스만큼 넓다.

우리 학교의 또 다른 자랑거리다. 학교 내 나무만 1200그루라고 한다. 건물 5층 높이의 나무도 많다. 학교 정문에서 건물까지 이르는 산책로는 우리 학교 학생뿐 아니라 인근 지역 주민들도 자주 찾더라. 그래서 낮에는 학교 문을 항상 개방해둔다고 들었다.

Q 내신 경쟁이 치열하겠다.

한순간만 아차하면 쭉 미끄러진다. 학생을 선발하는 자사고가 아니라 중학교 내신이 좋은 친구만 들어오는 건 아니다. 하지만 워낙 지원율이 높아서 중학교 때 친구 중에도 여기 오고 싶었는데 못 온 친구들이 많다. 그래서 공부하는 분위기는 자사고 못지않게 진지하다.

서울고의 다양한 특별 프로그램

● 수학 · 과학 특별 프로그램

학년	분야	프로그램
1학년	프로젝트	주제 중심의 소그룹 탐구
		과학 자율 동아리
		수학 탐구
	탐사 · 캠프	수학 · 과학 테마 탐사
		천문 캠프
		과학 동아리 캠프
		문화 답사와 함께 하는 지질 탐사
		수학 문화원 탐방
		지질 · 생태 탐사
	견학 · 체험	명사 초청 강연
		과학관 탐방
		담임과 함께 하는 과학 체험
		서울과학축전
		천체 관측
2학년	프로젝트	동문, 학부모, 주변 대학과 연계한 R&E 프로그램
	탐사 · 캠프	꽃과 별이 함께하는 과학 캠프
		과학 동아리 캠프
	견학 · 체험	대학교 및 연구소 실험실 탐방
		동문 선배 특강
		국립과학관 탐방
3학년	토론	과학 명사 초빙 토론
		과학 논술 및 구술 특강

● 인문 · 사회 특별 프로그램

구분	프로그램	대상 · 운영
인문 영재 학급 (방과 후 학교)	경제 · 역사 · 철학 · 정치 · 사회 5개 분야 토론 중심 심화수업	− 1, 2학년 각각 20명씩 선발 (지원서 · 자기소개서 등 서류 평가와 면접 통해 선발) − 4~12월 토요 방과 후 학교 통해 총 96시간 이수
	연구법 특강, 과제 연구, 발표 대회, 캠프 · 견학	
	1인 1개 주제 연구와 논문 작성	
독서 · 토론	아침 독서 운동	− 전교생 − 매월 1권 이상 책 읽고 독서 기록 남기기

구분	프로그램	대상 · 운영
독서 · 토론	논술, 독서골든벨, 독서토론 대회 등 독서 관련 경시대회	전교생, 연중 실시
	경희신문반, 도서반, 문예창작반, 추리소설연구반 등 10여 개 독서토론 동아리 운영	전교생, 연중 실시
교육 대토론회	매년 5월께 교육 관련 주제로 교사 · 학부모 · 재학생 · 졸업생이 참가하는 토론회 개최	− 교사(2), 학부모(2), 재학생(4), 졸업생(2) 패널 선발 − 토론회에 재학생 · 교직원 · 학부모가 참관해 토론 참여 − 우수 토론자 시상 및 토론 자료집 발간

● 국제 교류 프로그램

국가 · 학교	참가 규모	프로그램
미국 메릴랜드 주 월트 휘트먼 고교	재학생 10여 명	현지 학생 집에서 홈스테이, 문화 체험 · 교류, 현지 수업 참관, 현지 학생과 토론회 개최
일본 아키타 현 8개 고교	재학생 80여 명	
중국 육재학교	재학생 80여 명	
러시아 블라디보스토크 제2학교	재학생 40여 명	

● 신학 · 진로 프로그램

프로그램	참가 규모	일정
대학입시 설명회	전교생, 학부모	연 4회 실시
진학 상담 및 포트폴리오 관리	전교생	연중
리더십 마일리지 (각종 교내 활동과 수상 경력에 따라 포인트 적립)	전교생	연중
동문 선배와 멘토 · 멘티	2학년 중 매년 30명 (학급당 2명씩 추천받아 서류 평가로 선발)	연중
전공 체험 인턴십 (해당 학과 선배와의 대화, 전공학과 교수와의 만남 등)	3학년 중 희망자	7~8월 중

하루를 이렇게 보내요

시간	일과
7:00~7:30	개별 등교하거나 셔틀버스 이용(4회 운영, 무료)
7:20~7:50	아침 건강 달리기(운동장 3바퀴 뛰기, 매일 300여 명 참가)
7:50~8:10	아침 독서 및 개별 자율학습
8:10~12:00	오전 수업
12:00~13:00	점심시간
13:00~15:50	오후 수업
16:00~17:00	방과 후 학교(논술, 수능, 수학·영어 심화학습 등)
17:00~18:00	저녁 식사
18:00~0:00	하교 또는 개별 자율학습, 학교 도서관(인왕관) 384석 구비

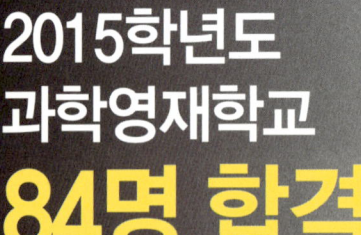

우리 아이가
명문고 진학을
할 수 있을까요?

불안해하지 말고 꼭
확인해보십시오

대한민국의 명문고등학교 진학을 고려중인 부모님
이시라면 입소문을 타고 수년간 수만 명의 학생들이
체험하고 추천했던 진단검사를 놓치지 마십시오.

우리나라 최초의 진로, 진학, 학습 통합검사인
KMDT(진학예측진단)가 자녀의 명문고등학교 적합도
및 예상적응력을 진단해 드립니다.
성실성, 스트레스대처능력, 자기주도학습지수, 수월
성학교 적응지수 등 체계적이고 과학적인 자녀의 성
향 분석을 통해 꼼꼼히 체크해보십시오.

www.happyjinhak.com